© 2016 Henry Meltemi
All rights reserved
Lektorat: Christoph Vogt, www.vogt-text.ch
Einband: Vincent van Gogh
Herstellung und Verlag: BoD-Books on Demand,
D-22848 Norderstedt, www.bod.de
ISBN 978-3-8370-6890-0
Printed in Germany
Bibliografische Information der Deutschen Nationalbibliothek:
Die Deutsche Nationalbibliothek verzeichnet diese Publikation in der
Deutschen Nationalbibliografie; detaillierte bibliografische Daten sind
im Internet über http://dnb.d-nb.de abrufbar.

Henry Meltemi

Wirtschaft und Finanz für meinen Sohn

Wer zu viel arbeitet,
hat keine Zeit, um
Geld zu verdienen.

Arabisches Sprichwort

The mystery of life:

Son,
It's faster horses,
Younger women,
Older whiskey,
And more money!

Tom T. Hall 1971

Inhalt

Inhalt

Vorwort

Lieber Sohn, Yanis Varoufakis hat für seine Tochter ein Buch geschrieben, auf Griechisch. Die deutsche Übersetzung hat den Titel: »Wie ich meiner Tochter die Wirtschaft erkläre« (Hanser Verlag). Es gibt, wenn Dir das lieber ist, auch eine englische Ausgabe. Er hat mich inspiriert, für Dich dieses Buch zu schreiben.

Störe Dich nicht an den Zitaten des Innentitels. Du kennst mich ja als Spötter. Man darf das Leben nicht zu ernst nehmen.

Du stehst nun seit zwei Jahren im Berufsleben, welches Du am richtigen Ort begonnen hast, in der Londoner City. Mit einigem Vaterstolz verfolge ich, wie Du die Karriereleiter hinaufsteigst, gleich zwei Stufen auf einmal. Allerdings sehe ich auch, wie Dein Wissen spezieller wird, was wahrscheinlich heute unvermeidlich ist.

Somit hat dieses Buch einen doppelten Zweck. Zum Ersten soll es Dir über Dein aktuelles Tätigkeitsgebiet hinaus die Tiefe und Breite des Themas »Wirtschaft und Finanz« vermitteln und Dich vor dem beruflichen Tunnelblick bewahren, Dich also dazu anregen, den Überblick zu behalten und interdisziplinär zu denken. Dies wird Dir in Deinem Berufsleben zugutekommen, besonders wenn Du in andere Berufsfelder wechseln möchtest oder musst.

Zum Zweiten will ich Dich auf das Ende meiner Tage vorbereiten, wenn Du mein Erbe antrittst. Es wird Dir erlauben, ein völlig ungebundenes, aber keinesfalls untätiges Leben zu führen, wie Du es von und mit mir kennst. Hier will ich Dir meine Erfahrungen und Ratschläge weitergeben, damit Dir Dein Vermögen nicht zwischen den Fingern zerrinnt.

Viele der angesprochenen Themen werden wir sicher noch im vertrauten Gespräch vertiefen und konkretisieren. Ich freue mich darauf.

Zum Buch selbst möchte ich anfügen, dass ich kein wissenschaftliches Werk verfasst habe, sondern eine lockere und gut verständliche Unterhaltung in schriftlicher Form. Bei tiefergehendem Interesse kannst Du im Internet Quellen und Verweise finden. Ich werde mich auch nicht lange mit Begriffserläuterungen aufhalten, da dies nur den Lesefluss stören würde, sondern Begriffe, die Dir oder dem geneigten Leser neu sein könnten, mit einem vorangestellten Pfeil (→) versehen, der Dich zum Nachschlagen einlädt.

Dein Vater

Athen, im Januar 2016

Was ist Wirtschaft?

In Altbayern wird ein landwirtschaftlicher Betrieb ab einer soliden Größe als Ökonomie bezeichnet. Das macht durchaus Sinn. Sein Besitzer, der darauf residiert, ist der Ökonom. Er würde sich nie als Landwirt bezeichnen. Mit seinen trickreichen Kenntnissen im Naturalien- und Viehhandel steckt er die Mehrzahl aller studierten Ökonomen in die Tasche. Um von ihm zu lernen, müsstest Du allerdings früh aufstehen, so etwa um 5 Uhr früh. Wenn man dies nicht nur als Folklore abtut, sondern versucht zum Ursprung dieser Aussage vorzudringen, wird man bald gewahr werden, dass Ökonomie mehr bedeutet, als in den Wirtschaftswissenschaften gelehrt wird. Diese sind ja erst spät in den Kanon der Wissenschaften aufgenommen worden.

Mein Denken ist nicht nur ökonomisch geschult, sondern weit mehr naturwissenschaftlich-technisch, und das nicht erst seit gestern, sondern seit einem halben Jahrhundert. Meine persönliche Auffassung von Ökonomie ist zwangsläufig weitgespannt. Ich bin daher zum Schluss gekommen, dass unsere gesamte Natur, ob belebt oder unbelebt, folgendem ökonomischen Prinzip gehorcht:

»Maximaler Effekt mit minimalem Aufwand«

Um dieses Prinzip zu verstehen, musst Du Dich von engen Geld- und Wertvorstellungen lösen. Interpretiere dagegen Aufwand als Einsatz von Energie, um den gewünschten Effekt zu erzielen, oder anders definiert, um zu überwinden, was sich dem Effekt entgegensetzt als da wären: Widerstand und Reibung in der Mechanik, Entropie in der Physik und vor allem das Risiko in der belebten Welt. Letzteres ist nicht offensichtlich, jedoch real, denn Risiko vermindert die Erfolgsaussichten.

Du kennst die Brechungsgesetze des Lichts. Ein Lichtstrahl ändert seine Richtung beim Übergang in ein anderes Medium. Seine Phasengeschwindigkeit ändert sich. Man kann es auch anschaulicher so interpretieren, dass sich der Widerstand ändert und das Licht den Weg des geringeren Widerstandes sucht. Ohne →Brechung gäbe es keine Brillen und keine romantischen Sonnenuntergänge. Sogar im Weltall macht das Licht Umwege, um Schwerefeldern und Magnetfeldern »auszuweichen«.

Das Interessante an diesem Phänomen ist, dass es sich auch an ganz anderer Stelle manifestiert. Früher wurde beim Militär noch fleißig marschiert. Wenn nun eine Vierer- oder Sechserkolonne von der Straße schräg ins Gelände wechselte, änderte sie ihre Richtung, weil im Gelände der Marschtritt kürzer wurde. Im Endeffekt verlängerte das den Weg auf der Straße und verkürzte ihn im Gelände, jedoch auch den Gesamtaufwand an Energie – vielleicht.

Kleine Tiere verhalten sich umgekehrt. Wenn ich auf der Bank vor unserem Haus sitze und Mäuse, Igel oder Kaninchen beobachte, wird offensichtlich, dass offene Flächen für diese Tiere ein hohes Risiko sind, da die Deckung fehlt. Sie kreuzen die gemähte Wiese auf kürzestem Weg oder nehmen den Mehrweg unter der Hecke, aber mit Sichtdeckung. Das ist instinktive Risikominderung, also ökonomisch. Und für die

Jäger unter den Tieren erhöht die Deckung die Jagdchancen, was in diesem Fall einer Widerstandsminderung gleichkommt.

Beobachte Dich und andere Passanten beim Überqueren einer breiten Straße auf dem Weg zu einem seitwärts gelegenen Ziel. Bei wenig Verkehr ist es verführerisch, den kürzesten Weg diagonal zu nehmen, sozusagen Luftlinie. Je stärker der Verkehr jedoch ist, desto größer wird der Kreuzungswinkel sein, bis zum rechten Winkel (die Risikominderung), aber auch der Mehrweg auf dem gegenüberliegenden Gehweg (der Preis). Im Extremfall wirst Du einen Umweg machen bis zum nächsten Zebrastreifen oder zur Unterführung. Das ist instinktive Risikominderung, bei Nichtbeachtung dagegen Gedankenlosigkeit, die böse enden kann.

Zugvögel fliegen in Formation und wechseln sich dabei ab, da es der erste am schwersten hat. Die hinterherfliegenden nutzen das Quäntchen Energie, das der vorausfliegende in der Vortex seines Flügelschlags zurücklässt. Sie brauchen dazu nicht Aerodynamik zu studieren, sie wissen das intuitiv. Was den Leichtbau anbelangt sind sie Ingenieuren haushoch überlegen, unsere Flugzeuge sind zu schwer – und zu laut, denn Lärm ist vergeudete Energie.

Du kannst das ökonomische Prinzip noch weiter sehen. Es ist das Grundprinzip unseres Lebens, denn auch die Evolution folgt ihm vom Anbeginn allen Lebens. Im ersten Anlauf ist dies nicht einzusehen, denn zunächst herrscht in der Evolution der Zufall. Alle genetischen Änderungen geschehen zufällig. Die Natur produziert sie ohne Unterlass und ohne vorherige Zweckbestimmung. Dann aber erfolgt die Auslese. Nur zweckmäßige genetische Änderungen setzen sich langfristig durch und fördern die Spezialisierung der Arten. Hier greift das ökonomische Prinzip, denn bessere Anpassung an die

Lebensbedingungen ist vorteilhaft, ebenso geringerer Aufwand für den gleichen Effekt. Letzteres kann man auch als Erhöhung des Wirkungsgrades definieren.

Bis jetzt habe ich noch kein Wort gesagt über Wirtschaft an sich, also das, was gemeinhin unter diesem Begriff verstanden wird. Gemach! Ökonomie ist ein Universalprinzip. Ohne sie gäbe es kein Leben auf der Erde. In der Naturwissenschaft und der Technik wird Ökonomie selten als solche definiert. Dort heißt der Schlüsselbegriff Wirkungsgrad, das ist aber dasselbe. Der Wirkungsgrad ist berechenbar als Quotient von Ertrag zu Aufwand, eben quantifizierbar.

Das menschliche Leben unterliegt in allen Bereichen dem ökonomischen Prinzip. Der Säugling lernt es als Erstes. Er weiß schneller, als uns lieb ist, sich die Eltern gefügig zu machen. Und es wird ihn sein ganzes Leben begleiten, bewusst und unbewusst. Nun wirst Du einwenden, dass wir Menschen sind, mit Gefühlen wie Liebe, Pflichtbewusstsein und Altruismus, und keine Roboter. Du hast recht. Wir sind als Menschen einzigartig, da wir ein Bewusstsein unseres Selbst entwickelt haben, das uns gestattet, ja sogar zwingt, emotional zu fühlen und zu handeln, unter Zurückstellung, gar Negierung unserer ökonomischen Urreflexe wie Selbsterhaltungstrieb oder Sexualtrieb. Das fällt uns umso leichter, je weniger die entgegenwirkenden ökonomischen Konsequenzen quantifizierbar oder kurzfristig fühlbar sind. Die deutsche Flüchtlingspolitik ist ein aktuelles Beispiel dafür, denn das Nachdenken über die ökonomischen Folgen begann ja erst, als der humanitäre Reflex die Tatsachen bereits geschaffen hatte.

Der Mensch hat jedoch im Lauf seiner Entwicklung auch die Fähigkeit gewonnen, ökonomische Gesichtspunkte zu quantifizieren. Er hat den Handel entwickelt und das Geld erfunden. In den späteren Kapiteln werden wir uns damit noch eingehend beschäftigen.

Damit bin ich bei der Wirtschaft im engeren Sinne und der Finanzindustrie als ihrer jüngsten Blüte angekommen. Das Bedürfnis, allem und jedem einen Geldwert, also einen Preis zuzuordnen, ist noch nicht sehr alt. Die Antike kannte zwar schon seit der Epoche der Sumerer Geschäftsaufzeichnungen und Warenlisten, aber richtig durchdrungen hatte dies das tägliche Leben noch nicht, obwohl es im Rom der Kaiserzeit schon das »Klozehnerl« gab. Buchführung und Bilanzierung wurden ab dem 16. Jahrhundert in den oberitalienischen Stadtstaaten entwickelt. Darum kommen heute noch viele Fachausdrücke aus dem Italienischen. Inzwischen haben wir es so weit gebracht, dass auch Gefühle einen Preis haben, der verhandelbar, im Grenzfall sogar handelbar ist. Nicht nur Körperteile oder Schmerzen haben heute ihren Tarif, sondern auch entgangene Glücksgefühle.

Hier stellt sich nun die Frage, wie Ökonomie im Spektrum der Wissenschaften einzuordnen ist. Wenn man als Ingenieur in den »harten« Fächern der Naturwissenschaft, wie Mathematik, Mechanik, Physik, Chemie, Elektrotechnik ausgebildet wurde und darin zu denken gewohnt ist, dann aber in der Wirtschaft zugange ist, mögen Zweifel unvermeidlich sein, ob Ökonomie eine Wissenschaft ist.

Andererseits gibt es Wissenschaften, die seit alters her als solche anerkannt sind und weitgehend ohne Zahlen oder fixe Formeln auskommen. Man denke nur an Philosophie, Sprachwissenschaften, Geschichte, Geowissenschaften, Völker- kunde oder Soziologie. Was unterscheidet diese also von der Naturwissenschaft?

Es ist die Tatsache, dass die Gesetze der naturwissenschaftlichen Kernfächer nicht mehr der Interpretation auf Grund von Meinung oder Weltanschauung zugänglich sind. Es gibt keine rote, braune oder grüne Mathematik. Es gibt keine christliche oder hinduistische Physik, keine kapitalistische oder sozialistische Chemie. Naturgesetze sind nicht diskutierbar. Es gibt Bereiche der Diskussion, aber diese beruhen auf Noch-nicht-Wissen und ihre Grenze wird durch einträchtige Forschung von Wissenschaftlern aller Nationen ständig nach außen geschoben. Es gab einmal eine katholische Astronomie, aber seit Galilei redet niemand mehr davon. Selbst die Evolutionslehre, obwohl rein deduktiv, ist heute im Wesentlichen unangefochten, abgesehen von einigen Obskuranten religiöser Prägung und einem US-Präsidentschaftskandidaten.

Die meisten anderen Wissenschaften, und da ist die Ökonomie mitzuzählen, sind interpretierbar. Je nach Weltanschauung oder politischer Interessenlage wird das Ergebnis eingefärbt oder verbogen. Im Übrigen werden diese »Wissenschaften« oft vom Ende her gedacht. Man weiß das Ergebnis zu Beginn und sucht nur nach Bestätigung. Dies hat dann mit Wissenschaft nichts mehr zu tun, denn Wissenschaft muss ergebnisoffen forschen.

Der Ökonomie, und hier geht es speziell um die Nationalökonomie, ergeht es nicht anders. Da die Anwendung ökonomischer Thesen aber meist einer Operation am offenen Herzen der Volkswirtschaft gleicht und die Folgen nicht leicht und kurzfristig zu korrigieren sind, hat das schon unendlich viel Schweiß, Blut und Tränen der betroffenen Völker gekostet. Beinahe jeder Staat der Erde hatte mindestens einmal das Pech, einen solchen Lebendversuch mit desaströsem Ausgang durchzumachen. Die einzige Ausnahme, die mir da auf Anhieb einfällt, ist die Schweiz.

Fassen wir zusammen: Ökonomie ist ein allgemeines Grundprinzip, dem sich nichts und niemand ohne Effizienzverlust entziehen kann, welches jedoch stark wechselnder Interpretation unterliegt. Überraschend oft aber, wie viele Zeitgenossen glauben, ohne ökonomische Grundkenntnisse auszukommen, und wie sehr die ökonomische Sensibilisierung im Schulbetrieb gemieden wird. Yanis hat recht getan, sein Buch nicht nur für seine Tochter zu schreiben, sondern es in drei Sprachen zu veröffentlichen.

Und noch eine letzte Frage: Muss man Ökonomie studieren, um wirtschaftlich erfolgreich zu sein? Nützlich mag es sein, aber unabdingbar ist es offensichtlich nicht. Das Unternehmen JBS S.A. gehört einer der reichsten Familien Brasiliens, welche den Fleischmarkt beider Amerikas beherrscht, und wird vom Patron und seinen drei Söhnen geleitet. Ihr Umsatz liegt im zweistelligen Milliardenbereich, aber viel mehr als ihren Namen sollen sie dem Vernehmen nach kaum schreiben können. Wirtschaft ist eben beides, Wissenschaft und Bauchgefühl. Der Sieger steht noch nicht fest.

Wie entsteht Wirtschaft?

Ich wende mich nun dem engeren Begriff der Wirtschaft zu, also dem, was gemeinhin unter Wirtschaft gemeint ist. Fragt man jemanden, was er unter Wirtschaft versteht, erhält man die verschiedensten Antworten, von gescheiten Definitionen bis zu vagen Äußerungen wie: »Hat was mit Geld zu tun.«

Ich lege mich auf folgende Definition fest:

»Wirtschaft ist freiwilliger Leistungs- und Warenaustausch«

Solange jeder für sich lebt und wirtschaftet – zu verstehen als Minimierung des Aufwands und Maximierung des Ertrags – gibt es keine Wirtschaft als Leistungsaustausch. Sobald aber der Nachbar um ein Bündel Bananen bittet und im Gegenzug den Schlegel einer frisch erlegten Gazelle anbietet, entsteht Wirtschaft in ihrer ursprünglichsten Form.

Als Erstes kann man festhalten, dass Wirtschaft aus Angebot und Nachfrage besteht. Das drückt den Willen zum Leistungsaustausch aus. Dies ist die unbedingte Grundvoraussetzung. Aus erzwungenem Austausch (z. B. Ernteanteil oder Waffendienst gegen Schutz) entsteht keine Wirtschaft. Erst als der Staat lernte, seinen Hunger auf das Vernünftige zu beschränken und im Übrigen als Wirtschaftssubjekt aufzutreten, konnte eine gedeihliche Wirtschaft entstehen. Das Mittelalter blieb auch aus diesem Grund dunkel. Heute kannst Du wieder beobachten, dass Staaten diesen Zusammenhang missachten und ihre Wirtschaft durch einen überzogenen Staatsanteil am BIP abwürgen.

Wenn Dir jemand anbietet: »Gib mir fünf Stücke, ich gebe Dir dafür drei«, würdest Du auf diesen Handel eingehen? Mit Sicherheit nicht, wenn es gleichwertige Stücke sind, denn Du würdest den Kürzeren ziehen. Dieses Beispiel zeigt, dass ein Austausch nur zustande kommt, wenn beide Handelspartner einen Vorteil für sich wahrnehmen. Genauer gesagt, wenn sie subjektiv einen relativen Vorteil sehen und realisieren können. Dieser Vorteil kann situationsbedingt sein (der eine hat Hunger, der andere friert) oder unterschiedlichen Motiven entspringen (der eine braucht ein Werkzeug, der andere will sich betrinken). Damit wird klar, dass Wert relativ zu sehen ist und ein Handel selbst dann zustande kommen wird, wenn die Tauschgegenstände einen unterschiedlichen realen Wert haben. Wird der Unterschied allerdings zu groß oder zu offensichtlich, wird der Handel unterbleiben. Coca-Cola aus dem Automaten wird auch teurer, wenn es heiß ist und die Sonne scheint. Thermofühler und Photozellen auf dem Dach des Automaten sorgen dafür, dass die letzte Dose erst am Sonntagabend verkauft wird. Du siehst daraus, dass die Wirtschaft einen absoluten oder gerechten Preis nicht kennt, ja gar nicht kennen kann, da dieser die individuelle Motivation des Anbieters oder des Erwerbers nicht berücksichtigt. Allein die Tatsache, dass wir uns im täglichen Handel an feste Preise gewöhnt haben, verhindert das Zustandekommen vieler Transaktionen. Den Preis zu diskutieren, ist weder ehrenrührig noch verboten, es braucht lediglich mehr Zeit, endet dafür aber mit dem situationsbedingt richtigen Preis.

Ein weiteres unabdingbares Element von Wirtschaft ist die Existenz und der Bestand von Eigentumsrechten. Wer nicht sicher ist, dass das, was er anbietet, sein Eigentum ist, und was er erhält, in sein Eigentum übergeht, wird nicht auf dem Markt erscheinen, sondern in Subsistenz und Autarkie verharren. An Beispielen, die uns zeigen, dass Rechtssicherheit eine notwendige Voraussetzung für gedeihliches Wirtschaften ist, mangelt es nicht.

Man denke an unsere prähistorischen Ursprünge oder deren Reste in Amazonien und Neu-Kaledonien, wo Stämme noch heute ohne Eigentumsbegriff auskommen. Das funktioniert, solange der Stamm (modern die WG) überschaubar ist und sich als große Familie versteht. Die gegenseitige Solidarität ersetzt die Definition von Eigentum. Der Stammesälteste übernimmt den gelegentlichen Austausch mit der Außenwelt und achtet auf gerechte Verteilung und sozialen Frieden im Innern. Paradiesisch. Wenn man jedoch versucht, diese Utopie auf ein Wirtschaftsgebiet von der Größe der UdSSR auszudehnen, endet das im Chaos. Dieses misslungene Lehrstück am lebenden Subjekt hat allerdings noch nicht alle Zeitgenossen bekehrt.

Das ist noch nicht alles. Wer Waren oder Dienstleistungen anbietet, muss einen Geschäftspartner mit inversem Bedürfnis antreffen, damit ein Austausch zustande kommt. Das kann er auf dem Markt. Vor der Verbreitung moderner Kommunikationsmittel erforderte das physische Nähe. Die Bildung von Märkten, konkret als Marktplätze, war daher ein lebenswichtiges Element menschlichen Zusammenlebens. Deren Organisation wurde eine vordringliche Aufgabe geordneter Siedlungsformen, vom Dorf bis zur Großstadt. Und da ein Markt ohne Besucher seinen Zweck verfehlen würde, wurde die Sicherung der Verkehrswege und der öffentlichen Ordnung zu einer wichtigen Aufgabe zivilisierten Zusammenlebens.

Wo Märkte wegen der hohen Besuchsfrequenz zur Dauereinrichtung wurden, entstand der Bazar als feste Einrichtung und zentraler Ort der Ansiedlung. Die Versorgung dünn besiedelter Gebiete und der Fernhandel wurden die Domäne reisender Kaufleute, die allerdings ein risikoreiches Leben führen mussten.

Ist Leistungs- und Warenaustausch weit genug verbreitet, führt dies zu Arbeitsteilung über den familiären Rahmen hinaus. Arbeitsteilung wiederum ermöglicht Produktivitätsgewinne und Wettbewerbsvorteile; sie setzt sich daher langfristig durch. Gewohnheitsmäßig, später auch professionell betriebenes Handwerk wird möglich und die ersten Dienstleistungsberufe können entstehen. Wirtschaftlich betrachtet ist die moderne Genderdebatte ein Rückschritt, denn sie negiert das Prinzip der Arbeitsteilung, zumindest im privaten Bereich.

Woher ich das alles weiß? Ich weiß es nicht. Niemand kann es wissen, denn die Anfänge dieser Entwicklung spielten sich in prähistorischer Zeit ab, von der wir nur spärliche Funde haben, die kaum ausreichen, die Geschichte unserer Menschwerdung eindeutig und zusammenhängend zu belegen. Außerdem brauchte es viele Tausend Jahre, bis diese ursprünglichen Wirtschaftsformen in den am weitesten entwickelten menschlichen Siedlungsgebieten Allgemeingut wurden.

Die Wissenschaft datiert die Entstehung von Wirtschaft unterschiedlich, koppelt sie etwa an Sesshaftigkeit und Ackerbau (Varoufakis), setzt geldnahen Warenaustausch voraus oder bringt sie mit den ersten schriftlichen Belegen (→Sumerer) in Zusammenhang.

Die Logik sagt mir jedoch, dass die geschilderte Abfolge der Entwicklung viel früher so oder ähnlich gelaufen sein könnte, da sie sich auf den menschlichen Urinstinkt ökonomischen Handelns stützt. Niemand hätte Eigentumsrechte postuliert oder verordnet, wenn nicht das natürliche Bedürfnis diese zwangsläufig erfordert und entwickelt hätte. Erst dadurch konnten sie Brauch und später Recht werden. Da dies die Lebensumstände – modern ausgedrückt den Lebensstandard – verbesserte, setzte sich die neue Ordnung durch, wenn es auch reichlich lang dauerte, Perioden des Rückschritts dazwischen lagen und der Prozess heute noch nicht abgeschlossen ist. Sklaverei als verbreitetste Form der Rechtlosigkeit wurde erst vor 150 Jahren abgeschafft, Leibeigenschaft existiert noch heute. Den Chinesen wird noch immer übel vermerkt, dass sie Tibet besetzt und damit etwa die Hälfte der Tibeter aus der Leibeigenschaft befreit haben. Soviel zum Fortschritt.

Im Endergebnis zeigt sich, dass Wirtschaft ein Urbedürfnis der Menschheit ist und vieles, was uns heute selbstverständlich und fern der Wirtschaft erscheint, wie Wegebau, Privatrechte, öffentlicher Frieden, ja sogar die Menschenrechte, durch die Wirtschaft ausgelöst oder erzwungen wurde. Philosphen und Religionsstifter haben zwar mit ihren Schriften Ideen vorweggenommen und den theoretischen Überbau geliefert, aber nie die konkrete Entwicklung angeführt. Das hat das menschliche Bedürfnis selbst besorgt.

Vermisst Du etwas? Wir haben noch nicht von Geld gesprochen. Zunächst ist dazu anzumerken, dass für die in diesem Kapitel angesprochene Entwicklung Geld nicht erforderlich ist. Die ersten Ansätze von Tausch und Markt kamen mit einiger Sicherheit ohne Geld aus. Das ist zwar umständlich, aber selbst heute kehrt die Wirtschaft unweigerlich und immer wieder vorübergehend zum Naturalhandel zurück, wenn Geld wertlos geworden oder zu knapp ist.

Geld ist eine Sekundärerscheinung des Leistungs- und Warenaustausches. Es wurde jedoch nach seiner Erfindung schnell das unentbehrliche Schmiermittel (bitte nicht zweideutig verstehen) gedeihlicher Wirtschaft. Heute sind wir so weit, dass Geld sich von der Realwirtschaft abkoppelt und in der Finanzindustrie ein wildes Eigenleben führt. Dazu wird im zweiten Teil noch einiges zu sagen sein.

Dem Geld in realer und abstrakter Form werde ich mich im nächsten Kapitel widmen. Sein Gebrauch sowie die moderne Technik haben die Wirtschaft gewaltig beschleunigt und weltweit verflochten. Prinzipiell sind wir aber noch dort, wo unsere Urfahren angefangen haben. Angebot und Nachfrage müssen sich treffen und zum Ausgleich kommen, der beiderseitige relative Vorteil eines Handels muss ersichtlich sein, Eigentumsrechte müssen sicher und übertragbar sein, die Preisbildung muss öffentlich und das Ergebnis funktionierender freier Märkte sein.

Du darfst das nicht als Freibrief missverstehen. Man kann den Markt nicht sich selbst überlassen, da er nicht natürlich stabil ist. Dies hat systemimmanente und externe Gründe. Systemimmanent sind u. a. Überhänge von Angebot oder Nachfrage, Mangel an Marktbreite (z. B. Monopole, Oligopole), Mangel an Liquidität und Manipulation. Von außen kommen staatliche Eingriffe und Preisverzerrungen, politisches Aktionsbedürfnis und ganz einfach die Stimmung und der Informationsstand der Marktteilnehmer.

Wirtschaft und Markt brauchen klare, einfache Regeln, ähnlich Leitplanken, die den Verkehr nicht drosseln, aber auf der Fahrbahn halten. Und es braucht einen starken Staat, der die Einhaltung dieser Regeln durch alle (!) Marktteilnehmer wirksam überwacht, Verstöße konsequent ahndet, sich selbst aber heraushält und nirgends als dominanter Marktteilnehmer auftritt. Dafür ist er Herr der öffentlichen Finanzen. Die gegenwärtige Regulierungswut als Reaktion auf die offensichtliche Krise ist kontraproduktiv. Sie verursacht nur vermehrte Reibung und verzögert die Gesundung. Sofern erforderlich, sind die Leitplanken zu verstärken, aber auf keinen Fall Schikanen aufzustellen. Der Staat muss tolerieren, dass der Markt sich selbst bereinigt und nicht mehr lebensfähige oder bankrotte Teilnehmer über Bord kippt. Wenn schwache Bäume fallen, wird Luft für junge Triebe.

Woher kommt Geld und wo geht es hin?

Im letzten Kapitel habe ich Dir gezeigt, dass Wirtschaft, genauer Waren- und Leistungsaustausch, spontan entsteht und dass Geld hierfür keine notwendige Bedingung ist. Wirtschaft mittels Tausch ist jedoch ein mühsames Geschäft, denn Angebot und Nachfrage müssen gleichzeitig am selben Ort bestehen. Die Ortsveränderung ist nur begrenzt möglich, kostspielig und riskant. Die nächste Stufe, der Austausch über mehrere Partner im →Bartergeschäft, eröffnet zwar mehr Erfolgschancen, ist aber mit denselben Mängeln behaftet.

Sobald jedoch ein drittes Gut dazwischentritt, dessen Wert im Wirtschaftsraum allgemein anerkannt wird und das wertbeständig, haltbar, stückelbar und leicht transportabel (mit hoher Wertdichte) ist, entsteht Flexibilität hinsichtlich Raum, Zeit, Menge und Qualität. Die Einführung und verbreitete Anwendung eines normierten Tauschgutes ließ daher sicher nicht lange auf sich warten, als Handel allgemeiner Brauch wurde.

Wer erlebt hat, wie Geld wertlos wird, niemand es mehr annehmen will, die Wirtschaft und das tägliche Leben auf den Naturaltausch zurückfällt, die Preise durch Knappheit extrem verzerrt werden und das Leben sich auf das Überleben verengt, der weiß den Wert eines soliden Tauschmittels, also des guten Geldes, zu schätzen. Deutschland musste diese Erfahrung in den letzten hundert Jahren zweimal nach den verlorenen Weltkriegen machen. Das zweite Mal war ich als Bub dabei und machte meine ersten Wirtschaftserfahrungen mit der →Zigarettenwährung. Mein Vorteil war, dass ich die Währung nicht verrauchte.

Der Gebrauch von Geld, zunächst geldwerten Materialien, verbreitete sich also aus praktischen Gründen rasch. Im Laufe der Zeit setzten sich Halbedelmetalle und Edelmetalle als Material durch, da sie alle Anforderungen an ein Zahlungsmittel erfüllen. Zunächst wurden wohl kleine gegossene Stücke oder natürliche Nuggets verwendet. Die Münzprägung folgte, um das lästige Wiegen zwar nicht zu vergessen, aber einzuschränken. Damit geriet das Münzrecht als Regal in die Hand der Regierenden, die nun Maß, Gewicht und Metallgehalt bestimmten, überwachten und nebenbei zu ihrem Vorteil veränderten. Auf die Folgen, Abwertung und Inflation, werde ich später eingehen.

Geld oder ein ähnlicher Tauschwert – ich nenne es →Protogeld – war zunächst nicht so selbstverständlich, wie es uns heute erscheint. Es bedarf der Gewöhnung, beim Handel einen Gegenwert zu erhalten, für den man keinen unmittelbaren Bedarf hat und dessen Wert zweifelhaft oder ungewiss sein könnte. Erst durch einen zweiten Handel erlangt man das, was man gerade benötigt. Man ist anfangs misstrauisch und fühlt sich übers Ohr gehauen, was sicherlich oft auch der Fall war. Protogeld wurde deshalb argwöhnisch betrachtet und musste bei jedem Handwechsel auf seinen Wertgehalt überprüft und gewogen werden. In einer Welt, die noch kein absolutes Zeitgefühl kannte, wurde dem Geld als Wertspeicher anfangs ein geringer Vorteil beigemessen. Mir fällt heute noch auf, Tausende Jahre später, wie leicht und schnell Menschen ohne wirtschaftliche Kenntnisse ihr weniges Geld ausgeben. Allerdings sind sie so auch immun gegen den Wertverfall des Geldes.

Die Vorteile überwogen jedoch, setzten sich durch und die Technik des Geldes wurde entwickelt. Edlere Metalle waren leichter zu handhaben, Nominalwerte kamen in Gebrauch und wurden schließlich als Münzen geprägt. Der Kopf des Herrschers auf dem →Avers stand für die Herkunft und garantierte in guten Zeiten die Werthaltigkeit. Bei Edelmetallmünzen war das Feingewicht für den Wert ausschlaggebend. Die ersten Silbermünzen wurden in der griechischen Antike (ca. 500 v. Chr.) geprägt, die ersten Goldmünzen um die Zeitenwende in der römischen Kaiserzeit. Der hohe Nominalwert dieser Edelmetallmünzen schloss ihren Alltagsgebrauch aus, sie waren für die großen Geschäfte in Umlauf oder wurden gehortet. Damit diente Geld endgültig der Wertaufbewahrung, umso mehr, je unsicherer die Zeiten waren. Bis heute hat sich daran nicht viel geändert.

Edelmetalle haben sich auch als Währung durchgesetzt, weil sie nicht beliebig vermehrbar sind wie Kaurimuscheln, die man am Strand aufsammeln oder aus dem Meer tauchen kann. Die Kosten für die Gewinnung von Edelmetallen sind hoch und bilden die natürliche Untergrenze für deren Preis. Das erleben wir zur Zeit, da der Goldpreis nahe oder sogar unter den Gestehungskosten gehalten wird. Selbst heute könnte man Gold aus dem Sand vieler Flüsse sieben, wenn man viel Geduld hat und dies als Hobby ansieht.

Geld ist die Urform des anonymen Inhaberwertes. Wer es in der Hand hat, dem gehört es, zumindest nach erstem Anschein (*prima facie*). Das Gegenteil zu beweisen ist meist unmöglich, wenn man den Dieb nicht in flagranti ertappt. Dies ist dem Staat, der an seine Steuern kommen will, ein arger Dorn im Auge. Heute geht man so weit, die Abschaffung des Bargeldes zu fordern. Dies wird eine Utopie bleiben, denn Bargeld in der Tasche ist eine unabdingbare Notwendigkeit. Dies wird Dir jeder bestätigen, dem gerade die Geldbörse entwendet wurde. In vielen Gegenden der Welt, sogar in einigen EU-Ländern, rührt niemand einen Finger, wenn er nicht Bares sieht, Guardia di Finanza hin oder her.

Das Vertrauen in Geld beruht seit jeher auf dem Wert seines Metallgehalts, nicht in der Seriosität der Münzstätte. Selbst Papiergeld war zunächst eng an das Münzgeld gebunden. Eine Banknote war ein Schuldversprechen der herausgebenden Bank auf Eintausch in eine gewisse Menge Münzgeld, meist Silber oder Goldmünzen. Banknoten wurden erstmals vor etwa 1000 Jahren in China gedruckt und in Umlauf gesetzt, im 16. und 17. Jahrhundert auch örtlich in Europa, in großem Stil in der Französischen Revolution (→Assignaten). In allen Fällen wurden im Lauf der Zeit mehr Banknoten ausgegeben, als durch Münzgeld oder Edelmetallbestände gedeckt waren. Das Ende war jeweils kläglich und für die Wirtschaft desaströs.

Silberne Dollarmünzen (Silver Eagle zu 1 oz.) waren im Westen der USA noch Anfang der 1960er Jahre in Umlauf. Ich hatte damals eine schwere Hosentasche. Für zwei Silberdollar erhielt man im Restaurant ein Pfund Prime Rib mit Zubehör aufs Teller. Ein Dollar, den man über den Zinktresen der Bar tanzen ließ, sicherte einen feuchtfröhlichen Abend für die ganze Gesellschaft. Dieselben zwei Unzen Silber sind heute etwa 28 Dollar wert, das reicht gerade für die Prime Rib von damals. Womit alles gesagt ist über die Wertbeständigkeit von Papiergeld. Meine Silberdollars aus jener Zeit hat mir Deine Mutter zusammen mit meiner Münzsammlung bei der Scheidung entwendet. Frage sie, wo sie geblieben sind, und nimm sie ihr weg, sie stehen Dir zu.

Der Zusammenhang zwischen Münzgeld und Papiergeld wurde schwächer durch die ungebremste Ausgabe von Banknoten, die den Rücktausch in Edelmetall wohl versprachen, aber nur mehr theoretisch. Erst stellten die USA den Umtausch ein, dann kündigte Nixon 1971 die Goldbindung des Dollars endgültig. Seitdem beruht der Wert des Geldes ausschließlich auf Vertrauen. Man wundert sich, woher dieses Vertrauen kommt, seit in den letzten zehn Jahren Geld gedruckt oder besser am Computer erzeugt wird, so schnell es geht. Angesichts der Riesenmenge gebunkerten Bargelds wird es ein rüdes Erwachen geben, sobald das Vertrauen zusammenbricht.

Lass mich nun auf einige Eigenschaften des Geldes eingehen. Die Rede ist ausschließlich von Papiergeld und seiner abstrakten Form, dem Giralgeld. Während →Scheidemünzen und Banknoten von den Zentralbanken in Umlauf gebracht werden, entsteht Giralgeld durch die primäre Kreditvergabe der Banken. Dessen Menge ist in den letzten zehn Jahren überproportional und in einem nie da gewesenen Umfang gestiegen. Auslöser war in milder Form die Dotcom-Krise im Jahr 2000 und dann so richtig die Subprime-Krise in den USA. Was als akute Überbrückungsmaßnahme des FED begann, wird seitdem ohne Aussicht auf ein Ende weiterbetrieben. Die EZB hat sich wegen der Griechenlandkrise und der gewaltigen Überschuldung der Euro-Staaten angeschlossen.

Die Folge ist, dass Geld nichts mehr kostet. Dadurch entfällt die Steuerungsfunktion des Zinses. Zins ist der Preis eines Kredits (Geldschuld) bzw. reziprok die Vergütung für die Hingabe eines Darlehens. Er kompensiert den durch die Darlehensvergabe zeitweiligen Verzicht auf die eigene gewinn- oder genussbringende Nutzung des Geldbetrages. Außerdem berücksichtigt er das Risiko der Geldentwertung (Inflation) bzw. das Risiko, das Darlehen nicht fristgerecht in voller Höhe oder überhaupt zurückzuerhalten. Es hat lange gedauert, bis die Zinsnahme gesellschaftliche Anerkennung fand. Noch im ausgehenden Mittelalter war Zinsnahme durch Religion oder Verordnung untersagt, im Islam ist das noch heute so. Da jedoch Kredit eine unentbehrliche Voraussetzung der Wirtschaft ist und niemand ohne Vergütung des Nutzungsverzichts und der Risiken einen Kredit geben würde, wurden jeweils Umgehungsformen gefunden und allgemein genutzt.

Die Höhe des Zinssatzes wird am unteren Ende durch den Basiszinssatz der Zentralbank bestimmt, zu dem Geschäftsbanken Kredit erhalten können. Darüber hinaus gehen verschiedene Kostenfaktoren in die Zinsfindung ein: Refinanzierungskosten (→Fristentransformation), Risiko, Vertragsform und -dauer, Geschäftskosten und Gewinnmarge. Die flexible Obergrenze ist der Wucher.

In der guten alten Zeit (bis ca. 2000 n. Chr.) war der Zinssatz noch ein brauchbares Instrument zur Einschätzung des Risikos und zur Steuerung der Konjunktur durch die Zentralbank. Erst seit den diversen Krisen versagt diese Indikatorfunktion zunehmend, außer Kraft gesetzt durch politischen Druck oder direkten Eingriff. Etwa gleichzeitig waren in Europa einige Staaten der Eurozone auf dem besten Weg, sich zu übernehmen, da die Banken unter Missachtung aller Vorsicht und der Regeln des Maastricht-Vertrags (→no-bailout) auf viel zu niedrige Zinssätze eingingen. Im Falle Griechenlands sank der Zins für Staatsanleihen von über 20 Prozent (1994) auf unter 5 Prozent (2005) (H.W. Sinn, Der Euro, S. 59). Sobald der Zins als Risikoindikator versagt, kommt es zu massiven Fehlallokationen bei den Staatsfinanzen und in der privaten Wirtschaft. Wenn Du Dich darüber ausführlicher informieren willst, empfehle ich Dir das zitierte Buch in der neueren deutschen Ausgabe. Jede Zeile ist lesenswert, jedoch ist es leicht, dieses Buch zu unterschätzen, denn Professor Sinn argumentiert mit wissenschaftlicher Kühle und Distanz. Die

Brisanz seiner Schlussfolgerungen muss man zwischen den Zeilen lesen.

Innerhalb ihres Geltungsbereichs ist eine Währung, das Geld, die Messlatte für alle Leistungen und Waren, genannt die Preisbildung. Diese Rolle ist unangefochten, solange genug Geld im Umlauf ist, um alle Bedürfnisse des Zahlungsverkehrs zu decken und die Zentralbank die Wertstabilität des Geldes bzw. invers gesehen, die Preisstabilität gewährleisten kann. Sind nicht beide Bedingungen erfüllt, kommt es zu Ausweichbewegungen der Wirtschaft. Sie weicht aus auf eine fremde Währung. Dies kann auch vorübergehend Notgeld privater oder kommunaler Emittenten sein, falls Devisenkontrollen bestehen. Auf jeden Fall ist es ein Schwächezeichen der offiziellen Währung, die damit unter Abwertungsdruck gerät.

Interessant ist auch, dass eine Währung außerhalb ihres gesetzlichen Geltungsbereichs zur Ware wird. Ihr Preis wird in der jenseits der Grenze geltenden Währung gemessen, sie wird mit Auf- bzw. Abschlag gehandelt und unterliegt den Gesetzen von Angebot und Nachfrage. Die Bewegungen können erheblich ausfallen und sind ein zusätzlicher Kostenfaktor im internationalen Handel und Tourismus. Will eine Zentralbank den Außenwert ihrer Währung konstant halten, muss sie aktiv in den Währungsmarkt eingreifen. Ist die eigene Währung schwach, kann sie Hemd und Hose verlieren (→Pfundkrise 1992). Das Problem ist in der Wissenschaft als →*Impossible Trinity* bekannt. Dies war neben überwiegend politischen Erwägungen ein wichtiges Motiv für die Einführung des Euro. Dass dies gründlich ins Auge gehen kann, wenn die Begleitumstände nicht beachtet oder die entsprechenden Verträge nicht eingehalten werden, wissen wir inzwischen. Mehr dazu kannst Du im oben zitierten Buch studieren.

Grundsätzlich gilt auch die Regel, dass »gutes« Geld das »mindere« verdrängt, wobei diese Qualifikation überschaubare Wertbeständigkeit, allgemeine Akzeptanz und freie Verfügbarkeit umfasst. Kleinere Sparbeträge werden dann in »gutem« Geld gehortet, statt zur Bank getragen. Dies gilt z. B. für Osteuropa außerhalb der Eurozone und auch für die Türkei. Inzwischen befindet sich etwa die Hälfte des von der Bundesbank ausgegebenen Bargelds, vor allem die großen Scheine, nicht mehr in Deutschland, sondern in osteuropäischen Matratzen, soweit dies angesichts des übernationalen Euro überhaupt feststellbar ist. Großbeträge werden dagegen per Kapitalflucht bargeldlos außer Landes geschafft. Vor Einführung von Bargeldgrenzen beim Grenzübertritt war der Transport im Koffer noch wesentlich beliebter. Als ich letzten Monat in einem osteuropäischen Land außerhalb der EU 20'000 Euro bar abheben wollte, griff die Angestellte, ohne mit der Wimper zu zucken in ihre Schublade und zählte mir die 40 Scheine auf den Tresen. Bei einer französischen Bank hätte ich das Ereignis mindestens eine Woche vorher ankündigen und tausend dumme Fragen beantworten müssen.

Geld hat die Eigenheit, dem Auge zu entschwinden, jedoch nicht zu verschwinden. Niemand vernichtet Geld mutwillig. Es geht von Hand zu Hand. Die Frequenz, mit der dies geschieht, nennt man die Umlaufgeschwindigkeit. Diese variiert in weiten Grenzen. Zurzeit ist sie niedrig. Das war nicht immer so. Als 1923 in Deutschland die Inflation verrückt spielte und ein Kilogramm Brot über zweihundert Milliarden Reichsmark kostete, stieg die Umlaufgeschwindigkeit auf nie gesehene Rekorde. Die Löhne wurden zweimal täglich ausbezahlt, die Frauen warteten schon am Vormittag vor dem Werkstor, um den mittäglichen Papierstapel zu übernehmen und umgehend für das Nötigste auszugeben.

Die gegenwärtig von der EZB praktizierte Geldschwemme führt bisher nicht zur Inflation, da die Umlaufgeschwindigkeit auf niedrigem Niveau verharrt. Die Banken nehmen zwar das Geld der EZB, bunkern es jedoch, um ihre Bilanzen zu verbessern, und die Wirtschaft will es nicht, da Investitionen nur getätigt werden, wenn berechtigte Aussichten auf den Kapitalrückfluss durch geordnete Abschreibung und solide Gewinnaussichten bestehen. Offensichtlich ist dem nicht so, da das Wachstum fehlt und die Regierungen nicht oder fahrig handeln. Ein ergänzender Faktor ist der sinkende Ölpreis, der jeden Ansatz von Inflation neutralisiert. Erst das Produkt aus Geldmenge und Umlaufgeschwindigkeit ergibt die tatsächlich aktive Liquidität, die bei einem Überhang gegenüber dem Güter- und Investitionsangebot die Inflation auslöst.

Das Fatale an der Situation ist, dass die Zentralbank zwar die Geldmenge einigermaßen kontrollieren kann, wenn sie will, nicht aber die Umlaufgeschwindigkeit. Was geschieht, wenn die Umlaufgeschwindigkeit zunimmt? Dies hängt von der Stimmung der Marktteilnehmer ab, die Zentralbank ist wehrlos. Die Stimmung wird zunehmen, wenn der Optimismus zurückkehrt und die Krisenstimmung weicht. Dann wirkt sie selbstverstärkend, denn jeder Ansatz von Inflation wird sie zusätzlich beschleunigen. Ich sehe allerdings diesen Optimismus nicht, schon eher das Gegenteil.

Stabilität und Kaufkraft unserer Währung beruht auf dem Vertrauen der Nutzer und sonst nichts. Wenn die Stimmung kippt wegen der anhaltenden Nullzinspolitik und der damit einhergehenden schleichenden Enteignung der Sparer und Entwertung der Altersvorsorge, was dann? Noch ist diese

Realität nicht tief genug ins öffentliche Bewusstsein gedrungen, aber das wird nicht mehr lange auf sich warten lassen. Sobald das Vertrauen in die Währung schwindet, wird sich dies in einer unkontrollierbaren Zunahme der Umlaufgeschwindigkeit äußern, wiederum selbstverstärkend mit denselben Folgen einer außer Kontrolle geratenden Inflation. Informiere Dich über den →Northern Rock Bank Run vom September 2007, um zu sehen, wie schnell Vertrauen schwindet.

Signor Draghi steuert seit seinem Amtsantritt zwischen diesen Extremszenarien, was schon bisher einem Ritt auf dem Tiger glich. Seit etwa einem Jahr balanciert er aber auf einer Rasierklinge, denn seine Argumente werden immer dünner und die Maßnahmen der EZB zunehmend wirkungsloser. Die EZB begründet ihre Geldpolitik mit der Deflationsgefahr. Die allgemeine Expertenmeinung macht es sich zu leicht, wenn sie diese Aussage einfach übernimmt und Deflation als Abwesenheit von Inflation definiert. Zurückgehende Preise allein haben nichts mit Deflation zu tun, solange die allgemeine Kaufkraft intakt und die Geldversorgung ausreichend ist. Beides ist in der Eurozone gegeben, wenn auch nicht bis in den letzten Winkel. Wir haben – wohlwollend betrachtet - etwas Wachstum im statistischen Unschärfebereich und, abgesehen von einigen südlichen Ländern, ein stabiles Lohnniveau. Zurückgehende Preise sind eine Folge des Konkurrenzdrucks der Schwellenländer, wo noch einige 100 Millionen Menschen in den Arbeitsmarkt drängen, und sinkender Rohstoffpreise, die unsere →terms of trade erheblich verbessern. Rohöl kostete vor 18 Monaten noch das Dreifache! Man kann unter den gegenwärtigen wirtschaftlichen Rahmenbedingungen niemandem verdenken, wenn er die frei werdende Liquidität nicht in den Konsum, sondern in den Sparstrumpf oder den privaten Schuldenabbau steckt und dadurch der Eindruck einer deflationären Entwicklung entsteht, was jedoch nicht der

Situation entspricht, sondern der allgemein verbreiteten Perspektivlosigkeit der wirtschaftlichen Aussichten zuzurechnen ist.

Und überhaupt: Für Preisstabilität gilt immer noch die Definition »gleich null« mit einer oberen Toleranzschwelle von +2 Prozent Inflation, da die Feinsteuerung den Zentralbanken kaum jemals so genau gelingt. Neuerdings werden diese zwei Prozent als anzustrebende Zielmarke verkauft und null als Deflation angesehen. Das ist vorsätzliche Täuschung. Aus der Wissenschaft erhebt sich dazu kaum Widerspruch, ein Armutszeugnis.

Weiter oben habe ich das Wortspiel gebraucht, dass Geld zwar leicht dem Auge entschwindet, jedoch nicht verschwindet. Nach dem Gesagten kann man verfeinern, dass zwar nicht der Geldschein verschwindet, wohl aber sein Wert die fatale Eigenschaft hat, mehr oder weniger rasch zu schwinden. Noch nie in der Geschichte hat sich Papiergeld als wertbeständig erwiesen.

Geld versus Kapital

Im letzten Kapitel habe ich Dir gezeigt, dass Geld in fast allen Lebensbereichen als Wertmaßstab nützlich und in der Wirtschaft als Transmissionsriemen unentbehrlich ist, um nicht gleich zu sagen, als Schmiermittel. Letzteres ist ein zweideutiger Begriff. Es wäre aber falsch, die Augen davor zu verschließen. Diese Zweitfunktion des Geldes ist ein ausgezeichneter Indikator für den Zustand einer Wirtschaft und das zugehörige Staatswesen. Funktionieren Wirtschaft, Recht und Verwaltung nicht so, wie man es sich wünscht, so ist zu viel Sand im Getriebe und Korruption entsteht. Die betroffenen Staaten sollten nicht nur darüber klagen, sondern ihre meist nicht mehr zeitgemäßen regulativen und organisatorischen Hindernisse abbauen. Polizeiliche Gegenmaßnahmen sind wirkungslos, sie kurieren nur die Symptome wie Aspirin das Fieber, aber nicht die Ursachen. Es gibt genügend wohlorganisierte Staaten auf der Welt, die keine nennenswerte Korruption aufweisen und zu den reichsten gehören.

Wirtschaft kann nur gedeihen, wenn am Ende des Tages per saldo für die Mehrzahl der Teilnehmer etwas übrig bleibt. Man nennt das den Mehrwert, der nicht aus Geld bestehen muss, jedoch an seinem Geldwert gemessen werden kann. Es kann sich dabei neben Bargeld um greifbare Güter (*tangibles*) und nicht körperliche Werte (*intangibles*) handeln. Beispiele für erstere sind Boden, Bauten, Rohstoffe, fertige und halbfertige Waren oder Objekte. Bei letzteren denke an Rechte, Patente, Forderungen, Know-how, Software und nicht zuletzt Bildung. Um sich über das Ergebnis wirtschaftlicher Aktivität klarzuwerden, braucht es auf staatlicher Ebene die Statistik (→BIP), auf privater Ebene eine Buchführung und am Ende der

Periode eine Bilanz. Wer in der Wirtschaft eine nennenswerte Funktion hat, gerade auch in der Technik, sollte heutzutage bilanzsicher sein.

Wir wirtschaften also in der Hoffnung, dass Mehrwert entsteht. Solange dieser den Lebensunterhalt deckt, haben wir wenig Sorgen, können aber keine großen Sprünge machen. Der überwiegende Teil der Menschheit befindet sich in dieser Situation oder darunter, in Knappheit und Not. Wer es besser getroffen hat, dem bleibt ein frei verfügbarer Teil seines Mehrwerts in der Hand, und damit steht er vor der Frage, was damit am besten anzufangen ist. Der Vater eines meiner Schulkameraden sagte uns immer: »Bub'n, merkt's euch, Besitz belastet«, während er schwitzend Felsbrocken den Hang hinaufschleppte für den Steingarten seiner Ferienvilla über dem See.

Die einfachste Art, Geld los zu werden, ist, es auszugeben. Allerdings hat der Konsum Grenzen (→Grenznutzen) und erreicht individuell unterschiedlich den Punkt der Sättigung. Wenn Mark Zuckerberg 99 Prozent seines Vermögens in wohltätige Stiftungen weggibt, sagt das nicht unbedingt, dass er ein Philanthrop ist, sondern eher, dass ihm daraus kein Grenznutzen mehr entsteht. Die westliche Welt huldigt heute dem Modell der Konsumgesellschaft, in der Geldausgeben zur Bürgerpflicht entartet ist. Mehr Konsum wird von einem Teil der Ökonomen als Wachstumsmotor propagiert. Deutschland wird der Vorwurf gemacht, nicht genug zu konsumieren und damit seine Partner in der Eurozone zu schädigen (Bernanke, Lagarde, Krugman, Stiglitz, u. a.). Ich will mich nicht an dieser Debatte beteiligen, zumal sie mich nicht überzeugt, sondern den Schwerpunkt auf den Teil des Mehrwertes richten, der nicht konsumiert wird.

In früheren Tagen, als Geld noch als Münzgeld, vor allem aus Edelmetall umlief, erfüllte es die Doppelfunktion als Wertmesser und als Wertspeicher. Es genügte, Gold- und Silbermünzen zu sammeln und beiseitezulegen. Sie konnten auch geschmolzen und zu Schmuck oder Kunstgegenständen verarbeitet werden. Man konnte sich am Anblick seiner Münzsammlung erfreuen oder sich darin suhlen wie Onkel Dagobert. Ein gleichwertiger Haufen abgegriffener schmutziger Banknoten oder ein Bankauszug erregen erheblich weniger Besitzerstolz und bieten weit weniger Befriedigung.

Diese beiden Formen der Wertspeicherung – Edelmetall oder andere inerte Güter wie Kunst und Bargeld – entziehen den innewohnenden Wert dem Wirtschaftskreislauf und werfen keine laufende Rendite ab. Höchstens Wertänderungen während der Lagerperiode können im Endergebnis zu Differenzen führen. Der wichtigste Unterschied ist jedoch das Gegenparteirisiko. Edelmetalle haben keines, während Papiergeld damit behaftet ist, und wie! Man kann gar nicht oft und eindringlich genug auf dieses Risiko hinweisen, wenn man über Geldanlagen vernünftig diskutieren will. Allein die Tatsache, dass Bank- und Anlageberater dieses Thema meiden, wie der Teufel das Weihwasser, und schnell darüber hinwegreden, sollte misstrauisch machen.

Wenn immer der Wert eines Gutes auf einem Vertrag oder einem Versprechen beruht, trägt es ein Gegenparteirisiko. Der parallel existierende Begriff Kontraktrisiko besagt dasselbe. Es ist das Risiko, dass die andere Partei ihre Verpflichtung oder ihr Versprechen nicht einhalten will oder kann. Jede Banknote trägt eine Einlösungsverpflichtung der Zentralbank mit Unterschrift des ZB-Präsidenten. Bis 1971 war das der Anspruch auf eine gewisse Gold- oder Silbermenge, zuletzt war das eine Unze Feingold für 40 US-Dollar. Da viele andere Währungen in

einem festen Verhältnis an den Dollar gekoppelt waren
(→Bretton Woods), galt für sie indirekt dieselbe Garantie.
Damit ist es vorbei. Heute kostet eine Unze Gold etwa 1200
Dollar, das 30-fache. Das entspricht einem jährlichen
Wertverfall des Dollars von fast 8 Prozent. Sage da einer, dass
Gold keine Rendite abwirft. Als 1973 die erste Ölkrise heraufzog,
raffte ich alles verfügbare Bargeld der Familie zusammen,
sprang in mein Flugzeug, flog nach Zürich und kaufte noch
mehr Gold. Wenn ich damals eine Million zu Verfügung gehabt
hätte, hätte ich mich umgehend zur Ruhe setzen können.
Krisen treiben den Goldpreis.

Aus einem ehedem geringen und überschaubaren
Gegenparteirisiko des Geldes ist ein erhebliches geworden,
denn die EZB »verdünnt« den Wert des Euro im Verhältnis zur
Wirtschaftskraft des Währungsgebiets zunehmend durch völlig
ungebremste Geldschöpfung. Im Übrigen ist sie nach allen
anwendbaren Regeln weit überschuldet und längst bankrott.
Nur ihre Fähigkeit, noch mehr Geld in Umlauf zu bringen, hält
sie am Leben. Man sollte also Geld nicht in die Matratze
stecken oder auf einem Konto belassen, sondern so schnell wie
möglich wie eine heiße Kartoffel weiterreichen. Ich habe im
vorangehenden Kapitel bereits erörtert, dass ausschließlich das
blinde Vertrauen der Nutzer den Wert der Währung trägt. Wir
wissen aber alle, dass blindes Vertrauen blitzartig ins Gegenteil
umschlagen kann. Außerdem ist im Laufe der Geschichte noch
jede Papierwährung an völliger Entwertung eingegangen.

Gold gehört also zu den Gütern, die kein Gegenparteirisiko
tragen, man besitzt es einfach. Da es außerdem kompakt ist,
einfach transportiert und versteckt werden kann, ist es der
weltweit beliebteste Wertspeicher und wird es auch bleiben.
Während meiner Zeit auf dem indischen Subkontinent fielen
mir die armen Frauen auf, die mit Reisigbündeln die Straßen

fegten. Sie hatten Fetzen am Leib, trugen aber in den Ohren, an allen Fingern und meist auch an den nackten Zehen jede Menge Goldringe. So führten sie jederzeit ihre gesamten Reserven mit sich, da sie weder ein Bankkonto besaßen, noch ein Türschloss an ihrer Hütte, aber mit nur drei Sätzen vom Mann davongejagt werden konnten.

Würden alle mit dem Mehrwert ihrer Anstrengungen so umgehen und ihn thesaurieren, würden wir noch unter archaischen Bedingungen unser Leben fristen. Nur die aktive Bewirtschaftung des nicht konsumierten Überschusses kann die Lebensbedingungen entscheidend ändern. Die Möglichkeiten waren in der vorindustriellen Zeit begrenzt. Erst die vielseitigen Veränderungen des 16. Jahrhunderts – Seefahrt, Entdeckung anderer Kontinente, Reformation, Buchdruck, Renaissance etc. – brachten den nötigen Schub, um die Neuzeit einzuleiten. Ansätze zur aktiven Mehrung von Vermögen entstanden in den niederländischen Handelsstädten und der deutschen →Hanse mit dem Zusammenschluss von Fernkaufleuten zur Ausrüstung von Schiffen. Kapitalbedarf und Risikoverteilung erforderten diesen Schritt.

Mit der fast gleichzeitigen Gründung der Britischen und Niederländischen Ostindien-Kompanien zu Beginn des 17. Jahrhunderts entstanden die ersten Zusammenschlüsse, die sich rasch zu Aktiengesellschaften, den ersten Kapitalgesellschaften entwickelten.

Fällt Dir auf, dass ich das erste Mal das Wort Kapital verwende? In meinen Augen war es die Geburtsstunde des Kapitalismus. Relevant ist die Frage nach dem Unterschied zwischen Geld und Kapital. Es ist nämlich nicht dasselbe. Man kann unendlich reich an Geld und anderen Werten sein, ohne Kapitalist zu sein, und man kann Kapitalist sein ohne viel echtes eigenes Eigentum.

Worin liegt also der Unterschied? Geld wird ausgegeben, Kapital wird eingesetzt. Geld ist dann weg, in anderen Händen, Kapital kommt zurück in Form von Abschreibung und Gewinn. Wenn Geld zurückkommt, hat man unverschämtes Glück gehabt, wenn Kapital nicht zurückkommt, hat man seltenes Pech gehabt.

In vorkapitalistischer Zeit sammelte sich der Mehrwert einer Gesellschaft fast ausschließlich in der Hand der Herrscher und Religionsgemeinschaften. Die Ausgaben im sozialen Bereich hielten sich in Grenzen. Soweit nicht Kriege zu finanzieren waren, entfaltete sich die Bauwut. Rüstung und Kriegskosten sind jedoch eindeutig konsumtiv, auch heute noch. Das Gleiche gilt für imperiale Bauwut. Ob Pyramiden, Paläste, Kult- und Kulturstätten, das Geld war rasch ausgegeben, ergänzt durch Fronarbeit, der Nutzen nicht greifbar. Die Wiederbelebung durch Fremdenverkehr war nicht vorhersehbar und ließ Jahrhunderte auf sich warten. Die seltenen reichen Bürger der Zeit, ich denke an die →Fugger und →Welser, waren noch keine Kapitalisten, sie wirtschafteten als Einzelpersonen und mit vollem persönlichen Risiko. Sie waren aber die Vorläufer einer wenig später einsetzenden Entwicklung.

Ausnahmen sind außerdem die erstaunlichen, frühen Bewässerungsanlagen, z. B. in Mesopotamien und Ägypten. Sumerer und Ägypter eilten in Organisation und herrschaftlicher Verantwortung der Zeit weit voraus. Hierher gehört auch das Römische Reich mit seiner hoch entwickelten Infrastruktur, die mit Sicherheit nicht nur konsumtiv motiviert war, zum großen Teil von Legionären errichtet wurde und damit einen Teil der Militärausgaben in den investiven Bereich zurückholte. Ähnliche Ansätze zeigte erst wieder der französische Merkantilismus des 17. Jahrhunderts (→Canal du Midi, →Manufakturen).

Kapitalbildung folgt einem konträren Ansatz. Geld wird nicht ausgegeben, sondern eingesetzt, um mit eigener sowie bezahlter Arbeit und unternehmerischer Initiative mehr zurückzuerhalten. Aus Geld wird Kapital. Die Erfindung der Kapitalgesellschaft war der Schlüssel, dieses Wirtschaftsverhalten einem großen Personenkreis zugänglich zu machen, denn sie begrenzte das Risiko auf den Kapitaleinsatz. Unternehmerisches Handeln war somit nicht mehr beschränkt auf einen engen Personenkreis, der über Verluste mit einem Achselzucken hinweggehen konnte.

Bald wurden die Anteilscheine an Schiffsausrüstern und Aktiengesellschaften allgemein handelbar, anfangs in den Kaffeehäusern der Stadt, später in den ersten Wertpapierbörsen. Ihre Bedeutung hat ständig zugenommen, in Einklang mit der Zunahme handelbarer Wertpapiere. Inzwischen findet der größte Teil des Handels elektronisch statt.

Damit waren im Wesentlichen die organisatorischen Voraussetzungen bereitet für die industrielle Revolution, die durch die Erfindung der Dampfmaschine in England eingeleitet wurde. Bis dahin war menschliche oder tierische Muskelkraft die einzige allgemein verfügbare Energiequelle. Windenergie und Wasserkraft spielten eine nur lokal verfügbare Nebenrolle. Energietransformation von natürlichen Quellen (Kohle, Holz) in industriell verwertbare Leistung und anschließend deren Verwendung zur Gütererzeugung wurden der Treibsatz der wirtschaftlichen Entwicklung. Der Kapitalbedarf für Investitionen wuchs enorm, sodass in der zeitgenössischen

Wissenschaft ernsthaft die Frage erörtert wurde, wie viel Anteil am Wirtschaftsprodukt man der arbeitenden Bevölkerung konsumtiv überlassen müsse, damit langfristig deren Arbeitskraft nicht beeinträchtigt würde. Auffallend ist, dass die Investitionsquote Chinas der letzten Jahre ähnlich derjenigen Deutschlands in der zweiten Hälfte des 19. Jahrhunderts ist. Heute wird diametral entgegengesetzt diskutiert, wie viel man noch für den Konsum abzweigen könne.

Es lässt sich also definieren, dass Kapital entsteht durch die Transformation von Geld in Produktionsmittel. Es ist mit anderen Worten geronnene Arbeitsleistung, deren Wert dem Konsum zumindest zeitweise entzogen wird, um später tröpfchenweise durch erhöhte Wirtschaftsleistung zurückzukommen. Ob in dieselben Hände, ist allerdings die Frage. Staaten hatten immer schon Probleme, Investitionen den ihnen zukommenden Raum zuzugestehen, da private Investitionen zunächst das Steuersubstrat mindern und staatliche Investitionen den frei verfügbaren Teil des Staatshaushalts beschneiden. Man könnte hier einwenden, dass Investitionen kapitalbildend wirken und daher mit Krediten finanziert werden können. Das ist richtig und tatsächlich ist dies meist der Fall. Wenn man jedoch davon ausgeht, dass Kredite zumindest in der privaten Wirtschaft fristgerecht zurückzuzahlen sind, bedeutet dies nur eine zeitliche Verschiebung der Ansparphase des Kapitals in die Zeit nach der Investition, wenn diese hoffentlich positiven →Cashflow generiert. Gewohnheitsmäßig vergisst der Staat dies bei seinen Investitionen und missbraucht diese als Begründung für weitere Staatsschulden, an deren Rückzahlung er dann nicht mehr denkt.

Stehen wir vor dem Ende des Kapitalismus, wie heute vielerorts diskutiert oder sogar gewünscht wird? Ich kann es mir nicht recht vorstellen. Wir werden im Gegenteil noch viel mehr Kapitalismus brauchen. Die Weltbevölkerung wächst, Arbeitsplätze müssen in nie gesehener Zahl geschaffen werden. Gleichzeitig wachsen die Kosten für einen neuen Arbeitsplatz ungebremst weiter. Vor 85 Jahren genügten eine Schubkarre und eine Schaufel, um in der Weltwirtschaftskrise einen Arbeitslosen ins Brot zu bringen. Heute braucht es sechs- oder siebenstellige Beträge, um einen Arbeitsplatz zu schaffen. Das kann nicht ausschließlich über Kredite finanziert werden, Kapital muss gebildet werden, d.h. Geld muss zu Eigenkapital werden. Es ist eine politische Grundsatzfrage, wer die Kapitalbildung übernimmt. Der Staat kann es nicht, der Staatskapitalismus ist völlig diskreditiert. Nur das unternehmerische Individuum, einzeln oder im Verbund, kann dies erfolgreich besorgen, zumindest in unserer gegenwärtigen Gesellschaftsordnung.

Die Kapitalismuskritik stößt sich vorwiegend an der ständig größer werdenden Kluft zwischen Arm und Reich, die tatsächlich störend ist und den gesellschaftlichen Zusammenhalt gefährdet. Aber ist das dem Kapitalismus anzulasten? Wie oben dargelegt, ist dieser zunächst wertfrei als Transformation von Geld in Kapital anzusehen. Das Problem entstand vielmehr durch die Entwicklung einer völlig hypertrophierten Finanzwirtschaft, definiert als Spiel mit kostenlosem Geld nur um des Geldes willen während der letzten zwanzig Jahre, die sich von der Realwirtschaft abgekoppelt hat und diese statt ihr zu dienen nun in Haft genommen hat. Solange Geld nichts kostet, ist diese Entwicklung nicht zu bremsen. Geld war im Kapitalismus immer knapp und der Zins hatte die Funktion, Kapital dorthin zu lenken, wo es am nützlichsten einzusetzen war. Dem ist nicht mehr so.

Geld oder lieber Kapital?

Du weißt jetzt, dass der menschliche Schweiß in Verbindung mit Wirtschaft Mehrwert erzeugt. Sobald dieser Mehrwert die unmittelbaren Bedürfnisse übersteigt, entsteht Vermögen, welches sich als Geld oder in Form geldwerter Vorräte und Erzeugnisse ansammelt. Damit stellt sich die Frage der Disposition, sowohl für das einzelne Wirtschaftssubjekt als auch für den Staat. Letzterer kann kraft seiner Gesetzgebungsgewalt und seiner Steuergesetzgebung die individuellen Präferenzen in weiten Grenzen beeinflussen und lenken oder die Verteilung gleich selbst übernehmen, was er aber besser lassen sollte.

Fragen der Politik und der Nationalökonomie klammere ich aus – es gibt andernorts genug tiefschürfende Arbeiten und einschlägige Literatur jeglicher Färbung – und wende mich direkt der privatwirtschaftlichen Seite der Frage zu, und da wiederum der privaten Vermögensanlage. Dies kann jedoch nicht geschehen ohne einen Blick auf die originäre Charakteristik der kapitalistischen Idee, die auch darin besteht, dass zu Kapital gewordenes Geld im Wirtschaftskreislauf bleibt. Mit anderen Worten, dass Rückflüsse aus Investitionen reinvestiert werden und die Wirtschaftskraft stärken, also zusammen mit frischem Kapital die ständig höher werdenden Kosten für Bildung, Schaffung von Arbeitsplätzen und Sachinvestitionen finanzieren. Wachstum braucht man nicht zu erörtern, da selbst ohne Wachstum der Kapitalbedarf der Wirtschaft ständig steigt. Gegenwärtig ist jedoch eine gegenläufige Entwicklung zu beobachten. Die Unternehmen saßen noch nie auf so hohen freien Liquiditätsreserven und veranstalten lieber Aktienrückkäufe, statt zu investieren. Man kann es als Rückfall in den →Rentenkapitalismus bezeichnen. Verdenken kann man es ihnen nicht, denn für Investitionsentscheidungen braucht es marktfähige neue Produkte, zuverlässige Rahmenbedingungen und aufnahmefähige Märkte, woran es offensichtlich fehlt. Auch ich kann mich diesem Trend situationsbedingt nicht verschliessen.

Versetzen wir uns also in die Lage eines Anlegers, der über freie Liquidität verfügt und diese weder in der Matratze dem Mäusefraß aussetzen will noch als Kontoguthaben seiner Bank als Spielgeld überlassen will.

Bevor es zu konkreten Anlageentscheidungen kommt, sind die wirtschaftlichen und finanztechnischen Randbedingungen zu klären. Tatsache ist, dass keine der Krisen der letzten Jahre endgültig überwunden ist. Sie wurden lediglich mit leichtem Geld, potenziell auf Kosten Dritter, zugekleistert, und neue Krisen lugen bereits über den Horizont. Ich schreibe Dir dies Mitte Januar 2016 angesichts der Ereignisse auf den Märkten seit Neujahr. Niemand hat eine tragfähige Idee, geschweige ein realistisches Konzept, wie es weitergehen soll. Ich meine schon deshalb, dass es vernünftig sei, je nach Wohnsitzland seinen Haushaltsbedarf für bis zu drei Monate in bar und in kleinen Scheinen vorzuhalten. Bedenke, wie schnell und wie lange die Banken in Zypern und Griechenland geschlossen waren. Das waren mit Sicherheit nicht die letzten, die derart die Notbremse ziehen mussten.

Für die weiteren Überlegungen gehe ich davon aus, dass wir überwiegend im Euroraum wirtschaften. Ob dieser in seiner gegenwärtigen Form oder der Euro überhaupt weiteren Bestand haben werden, ist die Gretchenfrage. Wünschenswert wäre es. Wenn der Euro nicht schon existierte, müsste er schleunigst erfunden werden. Die zentrifugalen Kräfte nehmen aber ständig zu, was durch seine grundsätzlichen Geburtsfehler und die Missachtung der vereinbarten Spielregeln durch die Teilnehmer verursacht ist. Dabei halte ich den Euro für die potentiell stabilste und gesündeste Weltwährung. Seine Zahlungsbilanz ist in der Gesamtbetrachtung annähernd ausgeglichen, was man von keiner anderen großen Währung behaupten kann. Die inneren Ungleichgewichte sind nicht ungewöhnlich, jedes Währungsgebiet kennt sie, und sie wären bei Einhaltung des Währungsvertrages auch beherrschbar. Ich denke insbesondere an die USA und die Schweiz, die schon lange als föderal strukturierte Währungsgebiete erfolgreich existieren und immer wieder Teilnehmer (Einzelstaaten bzw. Kantone) haben, die am Konkurs entlang schrammen, ohne dass dies ähnliche Aufregung verursacht. In der Eurozone sind es ausgerechnet die kleinsten und unbedeutendsten Staaten, die den größten Lärm und wegen der Starrheit des Systems enorme Kosten verursachen oder das ganze System infrage stellen.

Die Frage des Währungsrisikos stellt sich, sobald Anlagen außerhalb der Eurozone ins Auge gefasst werden. Dies ist aus Gründen der Diversifikation und des Anlagevolumens unvermeidlich. Hauptsächlich sind dies Anlagen in US-Dollar. Dabei können auch Anlagen in Asien oder Südamerika einbezogen werden, wo der Dollar dominiert. Auf die Technik der Währungsabsicherung kommen wir noch zu sprechen.

Ein weiterer grundsätzlicher Gesichtspunkt ist der Anlagehorizont. Ich gehe von meinem eigenen aus, da ich annehmen kann, dass er später auch Deiner sein wird. Ich plane langfristig, weit über meine verbleibenden Lebensjahre hinaus, ohne mir kurzfristig Einschränkungen aufzuerlegen. Da meine Wünsche und Ideen nicht nur bescheiden sind und spontan im sechsstelligen Bereich liegen können, achte ich darauf, schnell über die entsprechende Liquidität zu verfügen. Du wirst sehen, inwieweit dies meine Präferenzen beeinflusst.

Als Anleger benötigt man die richtige Bank als Partner. Die besten Erfahrungen habe ich mit skandinavischen Banken gemacht. Du hast den Vorteil, dass ich diese Verbindungen aufgebaut habe, Du dort persönlich bekannt bist und die Geschäftsbeziehungen nahtlos fortsetzen kannst. Du hast dort weltweiten Service und Kompetenz auf allen Ebenen. Außerdem kannst Du alles per E-Banking abwickeln. Das regelmäßige persönliche Gespräch ist trotzdem unverzichtbar. Mein Verhältnis zu meinem Bankberater ist so entspannt, dass ich ihm sagen kann, dass er nicht mein Freund ist. Er lacht und weiß, was ich meine, nämlich, dass er mir nie sagen darf, was sein Compliance-Department über mich weitererzählt oder er mich warnen darf, wenn etwas im Busch ist. Da ich diesbezüglich keine Verführungsversuche nötig habe, sind die Fronten klar.

Da ich gerade von der Compliance spreche, sollte ich auch die neuen OECD-weiten Meldepflichten beleuchten. Da sie geltendes Recht sind, ist es müßig, sich darob zu erregen, zumal sie mich nicht betreffen. Sie werden lediglich die Kluft zwischen Arm und Reich weiter vertiefen und die Mitte der Gesellschaft aushöhlen. Der springende Punkt ist, dass sie nur natürliche Personen betreffen, nicht juristische bzw. letztere einen weiten Gestaltungsspielraum genießen und dieser ab einer gewissen Größenordnung auch weidlich ausgenützt wird. Bedenke bitte, dass die Kapitalisierung einer mittleren Rente angesichts der statistischen Lebenserwartung heute siebenstellige Beträge erreicht, und damit ist man noch lange nicht reich, sondern hat nur das Nötigste, um im Alter nicht zu verarmen. Tatsächlich werden die »Noch-nicht-Reichen« noch gründlicher geflöht und gehindert, besagte Schwelle hinter sich zu lassen.

Wann ist man reich? Das ist relativ. Meine Antwort ist, dass man reich ist, wenn man sich seine Wünsche erfüllen kann, ohne vorher sein Geld zu zählen. Menschen, auf die das zutrifft, habe ich auf allen Ebenen angetroffen: Hirten in den Bergen, Weltenbummler auf See, glückliche Paare mit einem Haus voller Kinder und philosophierende Karrieretypen. Nie zufriedene allerdings auch.

Da das Spielfeld abgesteckt ist, kann ich mich den verschiedenen Anlageformen zuwenden. Ich will sie gliedern entsprechend den Definitionen des vorhergehenden Kapitels: in Geld bzw. geldnahe Anlagen sowie in Kapitalanlagen. Eine Sonderstellung haben Anlagen ohne Gegenparteirisiko. Weiter oben wurde Letzteres bereits erklärt. Seine Bedeutung sollst Du nie unterschätzen und im Einzelfall immer in Deine Anlageentscheidungen einbeziehen.

Der Deutschen liebste Anlageform ist das Sparbuch. Dagegen ist a priori nichts einzuwenden, solange das Guthaben durch die Einlagesicherung gedeckt ist. Obwohl und gerade da die Hunde die Letzten beißen werden, da dieser Fonds bei Weitem nicht alle Einlagen deckt. Das Gegenparteirisiko ist nicht mehr vernachlässigbar, seit biedere Sparkassen mit dem Spargroschen ihrer Kunden weltweit zocken, statt Kredite an ortsnahe Unternehmen auszureichen. Die Verzinsung dürfte nach Steuern kaum noch die Spesen decken. Sei's drum, auch ich habe mit einem Sparbuch angefangen. Ich finde es niedlich, wenn jetzt auf meinem Kreditkartenkonto 0.04 Euro Zinsen gutgeschrieben und 0.01 Euro Steuer abgebucht werden. An solchem Krampf werden die Banken schnell gesunden.

Aber Spaß beiseite, denn mit höheren Beträgen wird die Lage ernster. Die bargeldnahe Anlageform des Sparbuchs genießt paradoxerweise hohes Vertrauen unter den deutschen Sparern. Mein Banker (Bankiers gibt es schon lange nicht mehr) verrät mir, dass Sparbücher mit einer halben Million Einlage keine Seltenheit sind. Hinzu kommen Sparbriefe, Geldmarktfonds und alle anderen Methoden, Geld vor sich hingammeln zu lassen. Lass die Finger davon, wenn der Betrag über Deine Haushaltskasse hinausgeht.

Das große Übel ist, dass Lebensversicherungen ebenfalls dazugehören, seit sie die Aktienanlage meiden müssen und dicke Bündel Staatsanleihen und mindere Zinspapiere (→*junk bonds*) bunkern. Die Entscheidung, da nicht mitzumachen, ist einfach, denn ich hatte nie eine Lebensversicherung und Du brauchst auch keine, selbst wenn Dir dadurch Steuervergünstigungen entgehen sollten. Dasselbe gilt für Betriebsversicherungen und Pensionskassen, die zudem den Nachteil haben, dass man ihnen oft nicht entgehen kann.

Allenfalls sehe ich eine Möglichkeit, Liquidität kurzzeitig in →*bund notes* (kurz laufende Anleihen der BRD) zu parken, wenn Dir nichts Besseres einfällt. Die sind jederzeit liquide, Du kommst schnell an Dein Geld, allerdings bezahlst Du jetzt Lagerkosten (Negativzins). Eine Ausfallgefahr sehe ich noch nicht, solange Schäuble Finanzminister ist, höchstens eine kurze Handelsunterbrechung, wenn anderswo ein Tsunami zu wild tobt.

Das gewöhnlich Nächstliegende sind Immobilien. Ich gebe sofort zu, dass sie nicht meine Sache sind, sofern es nicht das eigene Heim ist. Dies ist zwar ein Anlageobjekt, jedoch eines der besonderen Art, und keine Investition. Schon beim Bau oder Erwerb treten rationale Gesichtspunkte hinter die emotionalen zurück. Wenn Dir das Objekt gefällt, kaufst Du es trotz entgegenstehender sachlicher Gründe. Meine beiden eigenen Häuser waren beim Kauf halbe Ruinen, boten mir aber die Gelegenheit, meiner Kreativität beim Ausbau freien Lauf zu lassen. Das erste bewohnten wir 30 Jahre lang, der Käufer hat es am nächsten Tag abgerissen, da er nur am großen Grundstück interessiert war, um einen Betonklotz hinzustellen. Das zweite, ein altes Bauernhaus, einzeln in der Flur gelegen, bewohne ich nun seit 27 Jahren. Du hast dort Deine Kindheit erlebt und könntest es noch erben. Das sind keine Anlageobjekte, sondern Liebhaberei, gehobener Konsum, wenn Du so willst.

Viele meiner Altersgenossen haben auf Immobilien gesetzt und ein Mietobjekt nach dem anderen in die Gegend gestellt. Heute, nach 30 Jahren, nagt der Zahn der Zeit an ihnen (beim Korrekturlesen bemerke ich die grammatikalische Zweideutigkeit, sie ist angebracht), die Unterhaltskosten sind gewaltig gestiegen, die Steuern auch, die Mieten dagegen nur begrenzt. Meine Freunde sind zwar mehrfache Vermögens-millionäre, aber belastet mit Ärger und Verwaltung und eher Hausverwalter statt sorglose Rentiers. Beauftragen sie eine professionelle Hausverwaltung, sinkt die Rendite weiter. Die Kinder sind längst anderswo berufstätig und dort mit Familie ansässig, sie haben damit nichts am Hut, während ich auf meiner Yacht durch die Welt streife und mich von meiner Crew verwöhnen lasse. Du kennst das ja.

Ernsthaft betrachtet sind fremdgenutzte Immobilien Investitionen, also kapitalbildend. Das Gegenparteirisiko ist überschaubar, denn Mieter können ausgewechselt werden. Ich würde mich aber auf gewerbliche Immobilien beschränken. Deren Abschreibungsdauer ist kürzer und die Einschränkungen des Wohnmietrechts entfallen, obgleich Umweltauflagen inzwischen unberechenbar geworden sind und kostspielig werden können. Es besteht aber die Möglichkeit, diese durch geeignete Vertragsgestaltung auf die Nutzer abzuwälzen. Für mich ist das alles zu viel persönlicher Aufwand für zu wenig Rendite. Außerdem will ich nicht riskieren, dass Du deswegen das Erbe ausschlägst.

Machen wir weiter mit Kunst. Die explodierenden Preise für Kunst lenken das Anlegerinteresse auf die Sammlung von Kunst jeglicher Art. Auch ich streife durch Galerien und besuche Versteigerungen, kaufe aber nur, was mir gefällt und wofür ich Platz finde in meiner Behausung, ansonsten bin ich Beobachter. Wer nicht vom Fach ist oder im Kunsthandel steckt, sollte die Finger davon lassen. Die Gewinne sind gelegentlich spektakulär, die Betrügereien und Pleiten aber auch, wie einige bekannt gewordene Fälle der letzten Zeit zeigen. Professionell betrieben ist Kunstsammlung kapitalbildend, obwohl der Kapitalrückfluss zeitlich und in seiner Höhe wegen der →Volatilität des Marktes hochsensibel ist. Ein Gegenparteirisiko existiert nicht, es sei denn, man subsumiert hier die Abhängigkeit von Kunstgutachtern.

Diamonds are a girl's best friends. Da ist was dran. So hart sie sind, so weich werden die Herzen bei ihrem Anblick. Ich habe Diamanten immer genau deswegen gekauft und bin noch dabei, denn dieser Erfolg ist programmiert. Aber Diamanten zu kaufen, um sie in den Tresor zu legen und auf den Erfolg zu warten, ist nicht meine Sache. Der Markt wird von wenigen großen Preisstrategen beherrscht, die Ware ist ohne einschlägige Fachkenntnis nicht beurteilbar, Zertifikate sind schönes Papier, das alles spricht dagegen, sich zu engagieren. Allerdings sind Diamanten, sofern ihr Wert feststeht, eine wertbeständige Kapitalanlage ohne Gegenparteirisiko. Sie sind leicht zu lagern, in der Hosentasche transportierbar und nirgends meldepflichtig – schon recht praktisch. Ich habe es nur noch nicht ernsthaft versucht.

Eigentlich sind jetzt die Rohstoffe an der Reihe diskutiert zu werden. Da ich jedoch nicht meine, dass Du Schweinebäuche oder Rohöl einlagern willst, fällt dies unter das Kapitel Terminmärkte weiter unten. Lediglich die Edelmetalle nehmen hier eine Sonderstellung ein. Ich will ihnen jedoch ein eigenes Kapitel widmen, um anschließend zu den Finanzmärkten zu kommen.

Gold, was sonst?

Ich habe über Gold und Silber im Zusammenhang mit Münzgeld gesprochen. Beide Edelmetalle waren lange Zeit die Anker des Geldwerts, bis Papiergeld die Oberhand gewann. Vor 45 Jahren ging diese Epoche mit dem Untergang des Bretton-Woods-Systems zu Ende. Ob da das letzte Wort gesprochen ist, sei dahingestellt.

Die Edelmetalle sind eine Gruppe im Periodensystem der Elemente. Gemeinsam ist ihnen das hohe spezifische Gewicht, die Korrosionsbeständigkeit und die Seltenheit der natürlichen Vorkommen. Ich beschränke mich auf Gold und Silber. Die Elemente der Platingruppe haben überwiegend industrielle Bedeutung, Platin in begrenztem Umfang auch als Schmuckmetall. Zusammen mit Palladium wird es auch als Anlage gehandelt.

Sobald man mehr wissen möchte, wird es schwierig. Die verfügbaren Daten sind unvollständig und widersprüchlich. Einiges lässt sich trotzdem ermitteln. Am zuverlässigsten sind noch die gemeldeten Goldreserven der Zentralbanken, internationalen Organisationen und privaten Sammelstellen. Tabelle 1 zeigt die Zahlen der zehn ersten Staaten nach dem Stand von Dezember 2015.

Will man wissen, wie viel Gold es auf der Welt gibt, wird das Band der Schätzungen breit. Die wahrscheinliche Zahl mag zwischen 160'000 und 180'000 Tonnen liegen. Die noch im Boden liegenden Reserven werden auf etwa 30 Prozent dessen geschätzt. Insgesamt wird es also nicht mehr als 210'000 bis

230'000 Tonnen Gold geben, es sei denn, die Alchimisten finden noch die Lösung, Gold aus unedlen Stoffen zu erzeugen.

Tabelle 1: Goldreserven in t, Stand 12.2015

USA	8'133	
Deutschland	3'381	
Italien	2'452	
Frankreich	2'435	
China	1'723	
Russland	1'371	
Schweiz	1'040	
Japan	765	
Niederlande	613	
Indien	558	
übrige	9'844	
Welt	32'315	
davon €-System	10'788	
IWF	2'814	(08.2015)
EZB	505	(08.2015)
BIZ	108	(08.2015)
Finanzindustrie	1'440	(08.2015)
insgesamt	47'970	

Quelle: Wikipedia/Goldreserven

Seit Jahren bemühe ich mich, eine plausible Goldstatistik aufzubauen. Es gibt zwar jährliche Zahlen über Förderung, Rückgewinnung, Goldreserven und Import/Export sowie Verbleib. Da niemand Gold mutwillig wegwirft, ist der Schwund überschaubar gering und stetig. Bis jetzt ist noch nichts Verwertbares herausgekommen, die Fehlmengen liegen im dreistelligen Tonnenbereich, schwanken wild von Jahr zu Jahr und lassen keinen zuverlässigen Abgleich zu. Mit anderen Worten, es gibt Mitspieler, die nicht nur ein Bisschen schummeln, sondern falsche Zahlen in die Welt setzen. Wenn man z. B. die Goldreserven Chinas (Tab. 1) mit 1'723 t per Ende

2015 ansieht und mit Förderung, Import und Export sowie Handelsvolumen der Goldbörse Schanghai in Bezug bringt, muss man schließen, dass die wahren Goldreserven 2.5- bis 3-fach höher sein müssten. Ich kann das nur als Vermutung äußern, lasse mich jedoch gern eines Besseren belehren.

Ein weiterer dunkler Punkt sind die Gold-ETC und -ETF, also verbriefte Forderungen auf Gold. Ein Insider verriet mir, dass davon sechsmal soviel in Umlauf sind, wie Gold zur Deckung vorhanden ist, blieb mir aber Beweise schuldig, wie das so ist bei derartigen Informationen. Sollte das wahr sein, ist ein »Gold Run« vorprogrammiert, sobald der Goldpreis sich nennenswert nach oben bewegt. Vergleichbares ist seinerzeit mit der VW-Aktie passiert, als der Markt zu eng wurde.

Dabei ist klar, dass wir längst über →*peak gold* hinaus sind und die Gewinnung stetig teurer wird, da die reichen Lagerstätten erschöpft sind. Beim heutigen Goldpreis halten sich die Minen nur noch über Wasser, indem sie ihre reichsten Vorkommen plündern und die ärmeren liegen lassen. Das ist wörtlich zu verstehen, denn wenn sie nicht ständig pumpen, saufen sie ab. Einige hat es schon erwischt.

Es verwundert daher nicht, dass der Goldpreis seit zweieinhalb Jahren eisern nach unten gefixt wird, Krisen hin oder her. »Fixing« heißt arbiträre Preisfestsetzung. »Gefixt« ist eigentlich ein Wort der Gaunersprache, es gibt gefixte Pferdewetten und Fußballspiele, aber Gold? Was von einem Fixing zu halten ist, wissen wir seit den Affären um →Libor und →Euribor. Ein plötzlicher Preisanstieg wäre eine Katastrophe für die Finanzwirtschaft. Gold ist der ärgste Feind des →*fiat money*, des uferlos ausgegebenen Papiergeldes, an das die Welt mit allen Mitteln gewöhnt werden soll.

Seit 1971 hat Gold seine Funktion als Währungsbasis, verloren. Die Mehrheitsmeinung ist heute, dass dies das endgültige Aus ist, während eine Minderheit der Ökonomen immerhin für eine Rückkehr plädiert. Der Dollar gilt allgemein als abgewirtschaftet und die Tendenz geht dahin, ihn durch die SDR (→*special drawing rights*), zu deutsch Sonderziehungsrechte des IWF zu ersetzen. Die kürzliche Aufnahme Chinas in den IWF zielt in diese Richtung. Aber das wäre nur wieder eine virtuelle Basis (*fiat money*), die über kurz oder lang die Geschichte des Dollar wiederholen würde. Außerdem ist der IWF ein Club unabhängiger Staaten wie die EU und aus denselben Gründen ungeeignet, eine Kunstwährung im Zaum zu halten. Die Geschichte des *fiat money* würde sich in noch größerem Maßstab wiederholen. Die Folgen wären nicht mehr begrenzbar, da die ganze Welt an den SDR hängen würde.

Anders sähe nach meiner Meinung die Sache aus, wenn gleichzeitig die SDR am Gold festgemacht würden, da sie dann nicht willkürlich vermehrt werden könnten. Schon eine 30-prozentige Golddeckung könnte zur Stabilisierung genügen, wenn das Recht auf Tausch auf die Mitglieder des IWF beschränkt würde. Historisch genügte den USA und dem Deutschen Kaiserreich eine Golddeckung in ähnlicher Höhe, um ihre Währungen über Jahrzehnte nahezu inflationsfrei zu halten, bis äußere weltpolitische Ereignisse eintraten.

Eine Modellrechnung für die Eurozone und die USA zeigt Tabelle 2. Die Prämisse ist dabei, dass eine Golddeckung von 30% für die Stabilisierung einer Währung ausreichen würde. Du kannst daraus entnehmen, dass der Dollar einen Abwertungsbedarf von etwa 2.2/1 hätte (vergl. den erforderlichen Goldpreis in der letzten Zeile in Tab. 2), um diese Marke im Vergleich zum Euro zu erreichen, was wirtschaftlich betrachtet so falsch nicht wäre, aber politisch problematisch würde. Bei einer Lösung unter Zwischenschaltung der SDR

Tabelle 2: Modellrechnung zur partiellen Golddeckung

	Eurozone (€)		USA (US$)	
Geldmenge M1(€), M2($) 2015	6'581	Mia. €	12'000	Mia. $
Goldreserven 2015 (Tab. 1)	10'788	t	8'133	t
Goldpreis Feb. 2016	1100	€/oz	1'210	$/oz
Wert der Goldreserven	382	Mia. €	316	Mia. $
Deckungsbedarf (0.3 x M1 / M2)	1'974	Mia. €	3'600	Mia. $
Erforderlicher Goldpreis (€)	5'692	€/oz		
Erforderlicher Goldpreis ($)	6'262	$/oz	13'768	$/oz

Quelle: Wikipedia/Geldmenge M1, M2

könnte diese Lücke unter Umständen verwischt werden. Das wäre zwar wieder einmal eine Bevorzugung der USA, aber dann wohl die letzte, da weitere Manipulationen sich sofort gegen die betreffende Währung wenden würden.

Es fällt auch auf, dass seit der Subprime-Krise (2007) die Zentralbanken wieder Gold kaufen, das sie während der vorangegangenen 15 Jahre leichtsinnig verschleudert hatten. Offensichtlich ist Gold doch noch nicht so abgeschrieben, wie es tönt, und der letzthin gedrückte Preis soll nur die Wiederbeschaffung erleichtern. Der physische Goldmarkt ist zeitweise leergefegt. 2014 brauchte einer der bedeutendsten europäischen Goldhändler geschlagene drei Wochen, um 30 kg Gold in Barren zu liefern. Auf meine Nachfrage stellte sich heraus, dass diese bescheidene Menge erst zusammengekratzt und in Barren gegossen werden musste.

Abseits aller rationalen Überlegungen fasziniert Gold die Menschheit seit über 5'000 Jahren. Lange vor der Einführung von Goldmünzen war es das Metall der Könige. Goldhunger (→Conquistadores) veränderte die Welt. Ich erinnere mich noch lebhaft eines Besuchs im Ägyptischen Museum in Kairo 1962, als ich allein mit einem müden Museumswärter vor der goldenen Totenmaske Tutanchamuns stand, damals noch ohne Sicherheitsglas oder Alarmanlage, fast hautnah unter einer einfachen Glasscheibe als Staubschutz. Ich hätte sie beinahe berühren können, es wäre ein Sakrileg gewesen, die von ihr ausgehende Faszination war überwältigend, ich vergaß beinahe zu fotografieren.

Zwanzig Jahre später war die Lage umgekehrt, denn ich ließ die Faszination für mich wirken. Die zweite Ölkrise führte zu Reaktionen in der Wirtschaft, der Diskontsatz der Deutschen Bundesbank stieg zu neuen Spitzen, es harzte überall. Meine Auftragslage war gut, aber die Zahlungseingänge stockten. Vor Jahresende 1982 wusste ich, dass ich in diesem Jahr nur mit Mühe eine schwarze Null schreiben würde. Langjährige Kunden riefen mich an und baten um Hilfe, indem ich anstehende Rechnungen ins nächste Jahr verschöbe. Was sollte ich tun? Geld hätte ich ohnehin nicht so bald gesehen. Ich hatte niemanden entlassen, meine Spezialisten waren mir zu wertvoll. Ich strich die üblichen Weihnachtsboni. Vor den Feiertagen rief ich alle zusammen, nachdem ich in den Keller gegangen war und meine Privatschatulle geplündert hatte. Ich erklärte die Lage und jeder, gleich ob Lehrling oder Prokurist, bekam einen Krügerrand und einen festen Händedruck. Ich blickte in viele feuchte Augen und hatte gewonnen, mein Team blieb vollzählig und im nächsten Jahr ging es wieder aufwärts.

Was kann man daraus für Schlüsse ziehen? Zunächst solltest Du Gold nicht als Handelsobjekt sehen. Du hast es und behältst es, ohne ständig auf den Tagespreis zu starren. Die gegenwärtigen Preise liegen an der untersten für die weitere Gewinnung nötigen Grenze, da anders diese nicht mehr kostendeckend wäre und die Förderung zum Erliegen käme. Natürlich sind kurzfristige Durchhänger nicht ausgeschlossen, aber die kann man aussitzen. Eine purpurumsäumte Senatorentoga kostete im Alten Rom eine Unze Gold. Heute bekommt man für die gleiche Unze immer noch einen Maßanzug in Savile Row. Dieselbe Unze Gold unterhielt einen römischen Haushalt einen Monat lang, heute noch genauso im Notfall einen modernen Haushalt.

Gold kennt kein Kontraktrisiko. Es ist weder Geld noch Kapital, da es langfristig seinen Wert behält, aber keine Rendite abwirft. Da es nicht von der Inflation angefressen wird, kann man seinen realen Werterhalt aber als eine Art Rendite ansehen. Der gleiche Wert in festverzinslichen Anlagen müsste hohe Zinsen einspielen um mitzuhalten und man hätte ein entsprechendes Risiko zu tragen.

Wie viel Gold soll man haben? Das ist Geschmackssache. Man kann damit früh anfangen, regelmäßig gängige 1-oz.-Münzen zu kaufen und beiseitezulegen. Über meinen ersten gezielten Kauf von Barren habe ich weiter oben berichtet. Immer wenn die Erde wackelte, ist es etwas mehr geworden. Die Grenze sehe ich, wenn man den Kaufpreis von den laufenden Ausgaben abzweigen müsste, da dann zu früh eine Situation entstehen könnte, die einen zum Wiederverkauf zwingt. Mein einziger Goldverkauf hing mit meinem Umzug vor über 25 Jahren zusammen, als ich mein Gold im einen Land verkaufte und am nächsten Tag im anderen wieder kaufte, um das Transportrisiko und den Grenzübertritt zu vermeiden.

Wie Du siehst, bin ich, was Gold betrifft, weder kritikloser Fan noch Verächter.

Silber ist der kleine Bruder des Goldes. Das spanische Weltreich war auf südamerikanischem Silber errichtet. Sein Hinwelken im 19. Jahrhundet lag weniger am Mangel an Silber als am Versäumnis der industriellen Entwicklung und der Verkrustung im Heimatland Spanien, einer Krux der meisten Rohstoffländer.

Als Anlageobjekt steht Silber hinter dem Gold zurück, da seine Wertdichte (Preis/Gewicht) wesentlich geringer ist und seine Lagerung sowie der Transport umständlicher sind. Silber als Beimischung zu haben, ist nicht falsch. Mit Silbermünzen kommt man im Ernstfall recht weit. Silber ist allerdings in der EU mehrwertsteuerpflichtig, sofern es nicht Geldstücke (auch vormalige) sind, die daher zu bevorzugen sind.

Sinnigerweise gibt die Banque de France neuerdings eine silberne 10-Euro-Münze aus, deren Silbergehalt etwa ein Drittel des Nennwerts deckt. Damit kommt sie an den Wertgehalt, den ich als praktische Untergrenze für Edelmetallmünzen halte. In Frankreich ist sie gesetzliches Zahlungsmittel und ich habe immer einige in der Hosentasche. Mit Überraschung bemerke ich das Misstrauen, wenn ich damit bezahle. Weit haben wir's gebracht! Übrigens, eine ähnliche Goldmünze mit 200 Euro Nennwert wäre eine handliche Größe für einen handlichen Wert.

Platin war bis vor kurzer Zeit regelmäßig teurer als Gold. Dieses Preisverhältnis hat sich umgedreht, obwohl Platin wesentlich seltener ist und als Industriemetall benötigt wird. Zu Schmuck verarbeitet ist es widerstandsfähiger, da härter. Wer es mag, soll es kaufen, der Preis kann nicht ewig so niedrig bleiben, denn wenn die Lagervorräte verbraucht sind, kommt bei den gegenwärtigen Preisen nicht mehr viel nach. Da Platin mehrwertsteuerpflichtig ist, empfiehlt sich die Lagerung in einem Zollfreilager.

Und Finanzanlagen?

Aus Sicht des privaten Anlegers sind Finanzanlagen überwiegend börsennotierte Titel aller Art. Dies ist ein weites, unübersichtliches Gebiet, das ich im Einzelnen ausleuchten will. Zuerst aber einige Bemerkungen zu Private Equity. Um es kurz zu machen, habe ich die deutsche Definition aus Wikipedia übernommen:

»Private Equity (deutsch: außerbörsliches Eigenkapital) ist eine Form des Beteiligungskapitals, bei der die vom Kapitalgeber eingegangene Beteiligung nicht an geregelten Märkten (Börsen) handelbar ist. Die Kapitalgeber können private oder institutionelle Anleger sein.«

Interessanterweise habe ich meine Finanzaktivitäten als Anleger von Private Equity begonnen. Das war vor 40 Jahren, die Börse dümpelte vor sich hin und war unergiebig, von Pfandbriefen hatte ich genug. Ich begann meine geschäftlichen Beziehungen zu nutzen und streckte meine Fühler aus, immer im Bestreben, Synergieeffekte zu finden, zu nutzen, und nebenbei neue Kunden für mein Geschäft zu akquirieren. Das Ergebnis war durchwachsen. Mein Aufwand an Zeit und Reisekosten, meist im Geschäftsflugzeug, war erheblich, zum Glück konnte ich dies vereinen mit meinem eigentlichen Beruf. Der finanzielle Aufwand war teilweise ebenfalls erheblich, oft genügten jedoch Bürgschaften. Ich achtete darauf, dass mir kein Einzelprojekt über den Kopf wuchs. Auf der Habenseite konnte ich einen enormen Zuwachs verbuchen an nützlichen Beziehungen, an Einblick in die verschiedensten Branchen und an Managementfähigkeiten unter teilweise ungewöhnlichen Randbedingungen. Davon profitiere ich noch heute.

Auf der Ertragsseite gab es schöne Erfolge, aber auch mehrere Flops. Insgesamt ergab es eine sichere schwarze Null, wobei ich die Synergieeffekte in meinem Betrieb außer Ansatz lasse. Das Ergebnis wäre magerer ausgefallen, wenn es nicht die Möglichkeit gegeben hätte, gewerbliche Verluste steuermindernd geltend zu machen. In der Rückschau möchte ich diesen Zeitabschnitt nicht missen. Er endete, als im Sommer 1982 die Börsen aus ihrem Dämmerschlaf erwachten.

Ich rate Dir jedoch dringend ab, Dich aktiv mit Private Equity zu beschäftigen, sofern Du nicht eines Tages eine starke unternehmerische Ausgangsposition im Rücken hast und fachspezifisches und betriebswirtschaftliches Wissen nebst genügend Zeit einbringen kannst. Außerdem kannst Du da nur erfolgreich sein, wenn das konjunkturelle Umfeld günstig ist, was man von der Gegenwart und der näheren Zukunft nicht behaupten kann.

Wenden wir uns daher börsennotierten Finanzanlagen zu. Davon gibt es neben den klassischen Börsenpapieren heute eine Unzahl neuer Kreationen, deren Nutzwert für den Anleger meist zweifelhaft ist und die man nicht benötigt, um Erfolg zu haben. Bei börsennotierten Wertpapieren ist die Unterscheidung zwischen Geldpapieren und kapitalorientierten Papieren von Bedeutung.

Unter den Geldpapieren stehen an erster Stelle die Anleihen, wobei öffentliche und private zu unterscheiden sind. Beim Kauf einer Anleihe gibst Du Dein Geld in andere Hände gegen den vereinbarten Zins und auf die Vertragsdauer (Laufzeit). Da die Anleihe börsennotiert ist, siehst Du am Kurs den Tageswert und kannst sie zu diesem Kurs vorfristig verkaufen. Der Kurs hängt weniger von Angebot und Nachfrage ab als von der Verzinsung der Anleihe im Verhältnis zum aktuellen Zinsniveau. Ist Letzteres höher, verliert die Anleihe an Wert, im umgekehrten Fall steigt der Kurs über pari, den Wert am Verfallstag. Da am Verfallstag der Nennwert ausbezahlt wird, tendieren alle Kurse gegen pari bei Verfall (*maturity*), sofern die Anleihe noch werthaltig ist, was Dein Anlegerrisiko ist. Das Ganze lässt sich berechnen nach gängigen Formeln, die Du auch in Tabellenprogrammen findest (z. B. →Excel, *financial functions*).

Öffentliche Anleihen genießen eine Bevorzugung, da sie als →mündelsicher gelten. Gemäß →Basel III gelten sie gar als risikolos, was ich lebhaft bezweifle. Diese Negierung des Anlegerrisikos ist u. a. die tiefere Ursache für die Eurokrise. Inzwischen haben sich alle Banken und Versicherungen vollgesaugt mit diesen Papieren und haben dank der Nullzinspolitik der EZB keine oder eine unzureichende Rendite daraus. Für den privaten Anleger ergibt sich unter Berücksichtigung der Inflation vielfach eine Negativrendite. Höchstens die Steuervorteile, die der Staat als Köder auslegt, könnten noch dazu verführen, diese Anlageklasse zu wählen.

Private Anleihen, gemeinhin Industrieanleihen genannt, kommen von privaten Emittenten, haben eine bessere Verzinsung wegen des höheren Ausfallrisikos und teilweise kürzere Laufzeiten. Ansonsten gelten dieselben Spielregeln. Allerdings kann eine Marktenge den vorfristigen Verkauf erschweren. Es lohnt sich, vor Kauf dem Emittenten auf den Zahn zu fühlen hinsichtlich seiner Standfestigkeit, der Rentabilität, des Verschuldungsgrads und seines Cashflows, der Dir die Zinszahlung sichert.

Von der Industrieanleihe führt der Weg zur Wandelanleihe. Dies ist eine Anleihe, die jedoch mit einem Wandelrecht ausgestattet ist, welches zur Wandlung in Aktien des

Emittenten nach einem bestimmten Schlüssel berechtigt. Die laufende Verzinsung ist aus diesem Grunde geringer. Das Wandelrecht kann getrennt gehandelt werden. Wenn man Glück hat, deckt dies die Minderverzinsung. Behält man die Wandelanleihe, wird man am Ende Aktionär der Gesellschaft. Das Studium der Emissionsbedingungen ist in jedem Falle unerlässlich.

Alle genannten Anleihen sind Geldpapiere. Du bist Gläubiger des Emittenten. Diese Bezeichnung ist äußerst vielsagend und höchst zutreffend, denn es gehört eine gute Portion Glauben dazu, sein sauer verdientes Geld einem Dritten zu überlassen. Lediglich die Börsennotierung und die Möglichkeit, sich an der Börse rasch von Anleihen zu trennen, geben Dir einen gewissen Rückhalt. Mache Dir nicht zu viel Illusionen. Bis Du reagieren kannst, ist der Kurs meist im Keller.

Hier ist es auch angebracht, die Absicherung von Währungsrisiken durch ein Termingeschäft zu erörtern. Immer wenn Du Anlagen in einem anderen Währungsgebiet tätigst, aber nicht die Absicht hast, den infrage stehenden Betrag später auch in diesem Währungsgebiet zu belassen oder zu konsumieren, gehst Du ein Währungsrisiko ein. Ist die andere Währung stark und wertet sie auf, stehst Du auf der Gewinnerseite. Oft liegt der Fall umgekehrt oder ist nicht eindeutig. Dann kann die Abwertung die Höhe der Rendite Deiner Anlage erreichen und sie neutralisieren, wenn nicht sogar ins Gegenteil verkehren. Zahlungsbilanzdefizite zwischen den Währungsgebieten haben die fatale Neigung, diese Tendenz noch zu verstärken. Du kannst natürlich auf die Anlage unter diesen Umständen verzichten oder sie zurückziehen, aber dem können andere Gründe entgegenstehen, z. B. die Diversifikation. So Du Gold kaufst, musst Du Dich damit abfinden, dass es in Dollar gehandelt wird. Ich muss gestehen, dass ich die im Gold gebundenen Dollars zur Zeit nicht absichere. Du könntest in diesem Fall natürlich einen *put* auf die Fremdwährung in gleicher Höhe kaufen. Es ist jedoch günstiger, die Fremdwährung direkt per Termin zu verkaufen. Die Kosten sind gering, sie entsprechen der Zinsdifferenz der beiden Währungen über die Laufzeit. Angesichts von annähernd Nullzinsen für die gängigen Währungen kommt da nicht viel zusammen. Außerdem kannst Du dieses Termingeschäft jederzeit und mit jeder gewünschten Laufzeit abschließen oder das Gegengeschäft (*call* gegen *put* oder umgekehrt) auf gleiche Fälligkeit eingehen, um die Position zu schließen. Bei entsprechender Order wird die Bank es bei Ablauf auch erneut abschließen bis auf Widerruf.

Nun komme ich zu kapitalistischen Anlageformen, mit denen Du hoffentlich ein Stück greifbares Anlagevermögen erwirbst. An erster Stelle steht die Aktie. Diese Anlageform ist mit der Industrialisierung in ihrer Bedeutung mitgewachsen und seit Langem in einem →Aktiengesetz (AG) bis ins Einzelne geregelt. Nach deutschem AG sind die Organe der Gesellschaft der Vorstand, der Aufsichtsrat, die Gesellschafterversammlung (GV) und der Betriebsrat. Rechte und Pflichten der Organe sowie das Berichtswesen sind eng umschrieben. In anderen Ländern gelten ähnliche nationale Gesetze. Für die Börsenzulassung gibt es gesonderte, in vielen Einzelheiten noch strengere Regelungen, je nach Stufe der Börsenzulassung (Freiverkehr, geregelter Markt, amtlicher Handel). Da zum Handel an der Börse eine Zulassung erforderlich ist, kannst Du nur über eine Bank oder einen Makler (*broker*) mitspielen.

Mit dem Erwerb einer Aktie wirst Du wirtschaftlich betrachtet Mitunternehmer, jedoch ohne rechtlich diese Stellung zu haben. Dir gehört ein Bruchteil des Unternehmens, auch wenn dieser nicht gesondert oder anders als mit seiner Quote beschrieben werden kann. In Gedanken kannst Du Dir vorstellen, dass Dir das Dach des Pförtnerhäuschens gehört, wenn Du z. B. 100 VW-Aktien besitzt.

Die Aktie kennt keine Verzinsung wie die Anleihe, sondern die Dividende, deren Höhe vom Geschäftserfolg abhängt. Die Dividende wird von der GV beschlossen. Dein Risiko ist beschränkt auf die Einlage, den Preis der Aktie, der beim Kauf erheblich über dem Nennwert oder Ausgabewert der Aktie liegen kann. Der Einstandspreis ist Dein Risiko. Im Konkursfall gehen die Aktionäre regelmäßig leer aus, während Inhaber von Anleihen immerhin Aussicht auf eine Teilabfindung (Quote) haben, sofern nach Bedienung aller vorrangigen Gläubiger etwas übrig bleibt.

Die Aktie ist als Anlagevehikel interessant, weil sie am Wertzuwachs der AG teilnimmt durch die steigende Börsennotierung (Kurs). Solange eine AG ihr Wachstum aus eigenen Mitteln oder durch Kredite finanzieren kann, wird sie auf die Ausgabe von neuen Aktien (Kapitalerhöhung) verzichten. Da jedoch der Buchwert der AG steigt, die Zahl der Aktien aber gleich bleibt, steigt der Wert der einzelnen Aktie. Die Börse honoriert dies mit höheren Kursen. Will die AG ihr Stammkapital erhöhen, wird sie neue Aktien ausgeben. Da dies den Anteil der Altaktionäre verwässert, erhalten diese ein Bezugsrecht auf neue Aktien. Dieses ist getrennt von der Aktie handelbar, sodass der Altaktionär entscheiden kann, ob er mitmachen will oder das Bezugsrecht veräußert.

Es wäre ein Wunder, wenn es nicht auch bei Aktien mehrere Aktienklassen gäbe. Der Normalfall ist die Stammaktie, eine Inhaberaktie, welche mit Dividendenberechtigung und Stimmrecht in der GV ausgestattet ist. Daneben gibt es die Vorzugsaktie. Der Vorzug besteht in der bevorrechtigten

Dividende, die höher sein kann als bei der Stammaktie und vor Bedienung der Stammaktien auszuzahlen ist. Dafür hat die Vorzugsaktie kein Stimmrecht. Man sieht sie häufig, wenn z. B. eine Familie die Stimmrechtsmehrheit einer AG behalten möchte, diese jedoch mehr Stammkapital benötigt, als die Familie bereit ist, einzuschießen. Ein prominenter Fall ist die Porsche AG. In der Schweiz ist das etwas unterschiedlich geregelt, indem die Vorzugsaktie Stimmrecht besitzt und der Partizipationsschein weder Stimmrecht noch Vorzug besitzt.

Eine weitere Besonderheit ist die Namensaktie, deren Inhaber ins Aktienregister der Gesellschaft eingetragen sein muss, um ihm die Aktionärsrechte zu gewähren. Weiter gibt es die vinkulierte Namensaktie, für deren Eintragung die Zustimmung der Gesellschaft erforderlich ist. Sie dient dazu, den Aktionärskreis unter Kontrolle zu halten, z. B. bei Luftverkehrsgesellschaften. Solltest Du Dich für derartige Aktien interessieren, informiere Dich vorher durch Studium der Gesellschaftssatzung und der einschlägigen Literatur. Es würde zu weit führen, hier alle möglichen Varianten zu erörtern. Im Übrigen sind die Regeln in anderen Ländern unterschiedlich.

Wie steht es um das Gegenparteirisiko bei Aktien? Prinzipiell nicht schlecht, denn als Aktionär bist Du Teilhaber an Sachwerten. Zumindest, solange Du Aktien solider, in der Realwirtschaft verankerter Gesellschaften besitzt. Solche Aktien werden als →*blue chips* bezeichnet. Ihr Markt ist liquide, ihre Volatilität unterdurchschnittlich, ihre Kursentwicklung oft gemächlicher aber stetiger. Die Dividenden sind oft so hoch, dass sie in Konkurrenz zu Zinspapieren treten, jedenfalls zu normalen Zeiten, die Du aber bei Deinem Alter nicht mehr bewusst erlebt hast. Unter den heutigen Verhältnissen ist jede Dividende dem Anleihezins überlegen, wenn nur nicht das Kursrisiko wäre.

Neben den *blue chips* gibt es →*mid caps* und →*small caps*. Unter ersteren gibt es Gesellschaften, die alle Merkmale von Blue Chips tragen. Wenn man sich damit beschäftigt, gilt es jedoch mit abnehmender Kapitalisierung zunehmend auf die Aktionärsstruktur zu achten, und in Verbindung damit auch die Marktbreite an der Börse ins Kalkül zu ziehen. Oft ist ein erheblicher Teil des Aktienkapitals in fester Hand, der →*free float* also entsprechend gering. Wenn man aussteigen möchte, kann das zu empfindlichen Einbußen führen. Unter den Small Caps findest Du zahlreiche Neugründungen, die mit mehr Hoffnung als Substanz an den Start gehen. Da solltest Du nur mit größter Umsicht zugreifen, vor allem, wenn Du noch ruhig schlafen oder einem Beruf nachgehen willst. Das ist doch eher das Terrain für Liebhaber und Spezialisten.

Seit der Jahrtausendwende haben IT und Globalisierung einen neuen Typ von Kapitalgesellschaften hervorgebracht. Ich meine die bekannten Namen, die das Internet als Geschäftsbasis gewählt haben, z. B. Google, Facebook oder Flickr. Obwohl sie nur aus einer cleveren Geschäftsidee, der entsprechenden Software und viel Luft bestehen, schlagen ihre Börsenkapitalisierungen die Realwirtschaft um Längen. Diese Firmen wuchsen zu dieser Größe, obwohl sie viele Jahre keine schwarzen Zahlen geschrieben haben und sie vorher niemand vermisst hatte. Ich bin nicht grundsätzlich gegen solche Unternehmen, ich habe früher jahrelang Software für technische und industrielle Anwendungen geschrieben, auch gutes Geld damit verdient, und sehe heute noch oft Produkte, für die ich Geburtshilfe geleistet habe. Hier geht es jedoch um Finanzanlagen, da erlaube ich mir Skepsis. Es ist wiederum der Aspekt des Gegenparteirisikos, der hier auftaucht. Was geschieht, wenn aus einer dieser Gesellschaften die heiße Luft entweicht, weil unversehens ein neuer Hype den alten ablöst, der Gründer geht oder die meist junge Kundschaft die Lust daran verliert? Viel Substanz ist nicht vorhanden, um sich ohne Schaden zurückzuziehen. Ich lasse die Finger davon. Vielleicht bin ich auch zu saturiert, um mir das noch anzutun, oder einfach zu konservativ, wenn es um Vermögen geht.

Was gibt es noch an der Börse? Eine Menge Waren, die unter der Bezeichnung *commodities* (Rohwaren) gehandelt werden, fast ausschließlich an der COMEX, der Rohstoffbörse in Chicago. Die Spannweite ist immens: von Lebensmitteln über tropische Agrarerzeugnisse bis zu Metallen und Energie (Mineralöl und seine Produkte). Für jede Ware gibt es standardisierte Losgrößen. Die Preisbildung folgt anderen Kriterien als an den Finanzbörsen, aber ebenso Angebot und Nachfrage. Hier spielen Jahreszeiten, Wetter, Ernteaussichten, Lagerbestände und Transportkosten eine entscheidende Rolle. Eine Besonderheit ist außerdem, dass der Terminhandel in seinem Umfang den realen Warenhandel übertrifft, was manchen NGO ein Dorn im Auge ist. Der Terminhandel ist jedoch so alt wie der Fernhandel. Schon im 16. Jahrhundert verkauften Kaufleute im Seehandel die Ware bereits vor Anlandung, eben auf Termin. Mit dem Beginn des Aktienhandels griff der Terminhandel auf die Finanzmärkte über, die er inzwischen überwuchert hat.

Der Terminmarkt für Rohstoffe ist etwas für Profis, also Hersteller oder regelmäßige Verbraucher eines Rohstoffes. Denke an Landwirte, die ihre Ernte am Halm verkaufen, um eher an flüssige Mittel zu kommen für den Kauf von Saatgut oder Dünger. Typische Terminkäufer im Mineralölhandel sind Fluggesellschaften und Chemiefirmen, die sich günstigere Preise sichern wollen. Bei lagerbeständigen Rohstoffen kann der Terminhandel zu einer kostspieligen Falle werden, da die Ware bei Fälligkeit auch dann zum vereinbarten Preis abgenommen werden muss, wenn der Marktpreis (*spot*) darunterliegt. Was meinst Du, warum die Flugpreise noch nicht sinken, obwohl Kerosin seit einem Jahr nur mehr ein Drittel kostet? Man nennt diese Situation →Contango. Die Fluggesellschaften werden daran nicht verhungern, sie können jedoch ihre Preise nicht anpassen, solange sie ihre alten Abnahmekontrakte erfüllen müssen.

Viel schlimmer ist diese Situation für den spekulativen Warenterminhandel, also für Kontraktkäufer, die bei Verfall die Ware gar nicht abnehmen wollen oder können, sondern mit einem Anschlussvertrag weitergeben müssen. Die Preisdifferenz ist dann fällig zum Verfall und bar auf den Tisch zu legen. Gerade die gegenwärtige Situation auf dem Rohölmarkt dürfte viele auf dem falschen Fuß erwischt haben. Die Schlussfolgerung und mein guter Rat ist daher, die Finger davon zu lassen. Es sei denn, Du hast ein Ölfeld gekauft oder Du betreibst eine Fluggesellschaft. Ansonsten ist das lupenreine Spekulation.

Massenvernichtungswaffen?

→Warren Buffett hat Derivate als Massenvernichtungswaffen (*financial weapons of mass destruction*) bezeichnet. Im Internet findest Du seine eigenen Worte, mit denen er diese Meinung begründet. Ich könnte es nicht besser, darum erspare ich mir die Wiederholung. Er hat nämlich recht mit seinem Hinweis, dass diese eines Tages unser Finanzsystem sprengen werden.

Derivate sind abgeleitete Konstrukte auf Basis eines realen, an der Börse gehandelten Wertes oder eines damit zusammenhängenden Sachverhalts, etwa eines Ausfallrisikos. Inzwischen gibt es sogar Derivate von Derivaten. Im Grunde basiert bereits jeder Terminhandel auf einem Derivat. Für viele Aktien, insbesondere die häufig gehandelten, gibt es einen Optionsmarkt. Du kannst eine Option auf Kauf (*call*) oder Verkauf (*put*) einer Aktie erwerben mit festgelegtem Ausübungspreis und in der Zukunft liegendem Termin (Verfall). Liegt die Option »aus dem Geld«, d. h. der aktuelle Preis liegt oberhalb/unterhalb des Optionspreises, so hat sie keinen inneren Wert, ist also spottbillig. Aber das kann sich rasch ändern. Im anderen Fall folgt der Optionspreis etwa der Differenz zwischen Tagespreis und Forward-Preis, wobei noch andere Gesichtspunkte eine Rolle spielen, wie der ersparte Einsatz von Liquidität (Du investierst ja nur in die Preisdifferenz und nicht in den Marktpreis) während der Laufzeit, die Volatilität und das Ausfallrisiko. Am Verfallstag (in der Realität einige Banktage vorher) musst Du entscheiden, ob Du die Option ausübst oder verfallen lässt. Das ist ein überschaubares Geschäft und der Einsatz ist jederzeit kontrollierbar, denn Du kannst die Option auch während ihrer Laufzeit abstoßen, also verkaufen.

Der Sinn der Sache ist, dass Du eine Aktienposition, die Du besitzt und für die Du optimistisch bist, durch Optionen auf Kauf verstärken kannst bzw. im gegenteiligen Fall durch eine Option auf Verkauf absichern kannst, ohne gleich zu verkaufen. Du musst das nicht für jeden Einzeltitel im Depot tun, wenn Du eine entsprechende Option auf den betreffenden Börsenindex (DAX, MDAX, Dow Jones, FMI) schreibst. Bei Warentermingeschäften ist der Fall nicht so einfach, Du musst mit dem Contango rechnen, um Dich unter Umständen wieder freizukaufen (siehe vorheriges Kapitel).

Früher, im letzten Jahrhundert, habe ich oft mit Optionen operiert und damit schöne Gewinne eingefahren. Mit dem Aufkommen der Hedge Fonds und der Beschleunigung der Börsen durch den elektronischen Handel ist jedoch die Volatilität so angestiegen und das Kursverhalten einzelner Titel so erratisch geworden, dass ich nicht mehr mitmische. Ich werde auch den Verdacht nicht los, dass inzwischen der Computerhandel dazu benützt wird, um Kurse am Verfallstag der Derivate für in paar Minuten auf den gewünschten Wert zu justieren. Dass der Terminhandel mit Aktien auf der Put-Seite ins Auge gehen kann, hat 2008 das Gerangel um die VW-Aktie bewiesen, die innert zwei Tagen ihren Preis mehr als vervierfacht hat, statt zu fallen, und große Mitspieler auf dem falschen Fuß erwischt hat. Du musst dies jedoch unterscheiden von den Absicherungsgeschäften, die Du am besten über Index-Puts tätigst. Dann kann Dir eine einzelne Aktie nicht in die Quere kommen. Aus demselben Grund musst Du heute auch sparsam mit automatischen →*stop-loss-limits* umgehen und lieber selbst aufpassen, bevor Du zufällig herausgekegelt wirst.

→Zertifikate sind eine Erfindung der Banken, um den risikoscheuen deutschen Anlegern Aktien zu verkaufen. Es gibt

Zertifikate in den verschiedensten Ausführungen. Allen gemeinsam ist, dass sie um eine gute Aktie (Blue Chip) herum konstruiert sind. Typisches Merkmal sind die Barrieren. Das sind festgesetzte Aktienkurse, die den Spielbereich des Zertifikats abgrenzen, und deren Berührung oder Über-/Unterschreitung durch den Handelskurs Konsequenzen auslöst, meist den Umtausch in die zugrunde liegende Aktie. Beachtenswert ist, dass nicht die Aktie unmittelbar für Dein Engagement einsteht, sondern das Versprechen einer Bank auf Vertragserfüllung ihrer eingegangenen Verpflichtung. Das Gegenparteirisiko ist somit größer, sofern man davon ausgeht, dass bei einer Marktturbulenz ein Unternehmen der Realwirtschaft, noch dazu ein Blue Chip, solider dasteht als eine Bank. Außerdem behält die Bank die Dividende für sich. Da es oft dividendenstarke Papiere sind, ist dies ein gravierender Minuspunkt. Ganz abgesehen davon, dass die emittierende Bank die Aktie nicht besitzen muss, das Zertifikat kann aus unterschiedlichen *puts* und *calls* komponiert sein. Du kannst Dich darauf verlassen, dass die Bank immer Gewinner ist, was man vom Zertifikatinhaber nicht behaupten kann.

Dazu habe ich ein illustratives Beispiel. Ich hatte einer Bank in Luxemburg ein kleines Portfolio anvertraut. Ich wollte ihre Strategien testen, da sie immer wieder für ihre erfolgreichen Fonds ausgezeichnet worden war. Allerdings war in ihrem Drehbuch der 13. September 2008 nicht vorgesehen, der Tag, an dem Lehman Bros. in die Knie ging. Am folgenden Montag, dem 15. September, verkaufte die Bank in aller Frühe meine schönen Blue Chips und kaufte darauf lautende Bonuszertifikate. Später am selben Tag durchbrachen diese die untere Barriere im allgemeinen Tumult und ich hatte meine Aktien wieder, natürlich abzüglich des Aufpreises der Zertifikate und der Handelsspesen. Ich engagierte einen

Rechtsanwalt und die Bank daraufhin einen neuen Leiter für ihr Private Banking.

Lass die Finger von solchen Späßen. Entweder Du hast die Aktien selbst oder Du suchst Dir ein anderes Spielfeld. Ich behaupte nicht, dass solche Zertifikate Betrug am Kunden sind, denn in der Finanz muss jeder selbst aufpassen, dass er nicht die Hosen verliert. Bauernfängerei sind sie trotzdem.

In der nächsthöheren Stufe der Abstraktion kommen wir zu den eigentlichen Derivaten, die meist hinter Dreibuchstabenkürzeln versteckt werden, die heute in aller Munde sind. Bevor wir da eintauchen, ein atemberaubender Vergleich: Der Wert aller umlaufenden Derivative übersteigt den gesamten Reichtum der Welt bei Weitem. Genaueres ist nicht bekannt, da diese Geschäfte meist außerhalb des Banksektors abgeschlossen werden und nicht meldepflichtig sind. Es ist Geschichte, dass LTCM (Long Term Capital Management), deren Geschäftsmodell Hedging und Handel mit Derivativen war, 1998 von der US-Regierung in einer Blitzaktion liquidiert und konsolidiert werden musste, da das Loch angeblich 16 Milliarden Dollar tief war. Damals war das ein nie da gewesener Bombenkrater, heute erzeugt das nur noch ein müdes Lächeln. Die Pointe ist, dass die beiden Direktoren (Scholes und Merton) beinahe zeitgleich den Nobelpreis erhielten für ihre Arbeit über eine neue Methode zur Wertbestimmung von Derivativen.

Gerade lese ich im Handelsblatt, dass die Deutsche Bank Derivate in Höhe von 50 Billionen Euro in den Büchern hat und dafür nur ungenügende Gegenpositionen oder Rückstellungen gebildet hat. An anderer Stelle habe ich aufgeschnappt, dass das Gesamtvolumen der Derivate weltweit bei 680 Billionen Dollar liegt. Die beiden Zahlen passen in etwa zusammen, denn danach würde die DB etwa 8 Prozent aller Derivate halten, was plausibel klingt. Nun vergleiche das mit dem deutschen BIP 2013 (letzte offizielle Zahl) von 3.36 Billionen Dollar. Es handelt sich bei diesen Zahlen um deutsche Billionen mit 12 Nullen, nicht um amerikanische mit 9 Nullen! Wer soll das auffangen, wenn es zum Krach kommt? Das wird dem Jüngsten Gericht gleichen, denn hernach ist nichts mehr. Während ich dies schreibe, stehen die Zeichen auf Sturm. Mir fällt auf, dass es diesmal sogar den ewigen Optimisten die Sprache verschlagen hat, da alle Indikatoren gleichzeitig in die gleiche Richtung weisen. Selbst wenn wir noch einmal mit einem blauen Auge davonkommen, ist das kein gutes Omen, da bisher jede neue Krise heftiger als die vorhergegangene ausfiel.

Auch wenn Du nicht die Absicht hast, Dich hier jemals direkt zu engagieren – es sei denn, Du versuchst den Teufel -, solltest Du wenigstens wissen, was dem Finanzsystem eines Tages den Fangschuss versetzen wird. Es folgt hier also eine alphabetische Auflistung dieser Kürzel, natürlich ohne Anspruch auf Vollständigkeit, da ständig neue dazukommen, sobald die alten in Verruf geraten sind. Über alle kannst Du bei Wikipedia ausführliche Artikel finden.

ABC (*atomic, biological, chemical*) werden nicht an der Börse gehandelt. Das war der Schrecken des Kalten Krieges, der vor Deiner Geburt zu Ende ging. Warren Buffett hat sich offensichtlich darauf bezogen mit seiner eingangs zitierten Bemerkung.

ABS (*asset backed securities*) kann man unschuldig mit Pfandbrief ins Deutsche übersetzen. Sie sind aber nicht dasselbe. Für deutsche Pfandbriefe gelten strikte Beleihungsgrenzen, üblicherweise 60 Prozent des Immobilien-wertes. Diese konservative Formel kannst Du schnell vergessen. Vor der Subprime-Krise wurden Pfanddarlehen regelmäßig am oder über dem Gebäudewert ausgereicht an Eigentümer, die kaum die laufenden Kosten, geschweige die Annuitäten tragen konnten oder wollten. In diesem Zusammenhang bedeutet Subprime schlicht Schrott. Neu verpackt wurden daraus die CDO.

CDO (*collateralized debt obligation*). Das ist eine Bündelung vieler ABS, um marktgängige Größen zu erreichen. Das Ganze wird in Tranchen abnehmender Qualität zerlegt. Die Beimischung werthaltiger ABS und das unschuldige Gesicht der Emittenten führten dazu, dass dafür sogar ein AAA von den Rating-Agenturen verliehen wurde. In der Folge waren deutsche Banken über ihre ausländischen Zweckgesellschaften die stärksten Käufer und haben sich übernommen. Die staatliche IKB (Industriekreditbank) hat es 2007 als erste erwischt, die Rettung vor dem Konkurs kostete 5 Milliarden Euro, um einen Dominoeffekt zu vermeiden. Ein Jahr später war die HRE (Hypo Real Estate) an der Reihe. Heute lächelt man über solch bescheidene Summen und Du kannst Dir zwei Nullen dazudenken, wenn es wieder soweit ist.

CDS (*credit default swap*) sehen auf den ersten Blick auch harmlos aus. Ein Kreditgeber kann CDS erwerben, um das Ausfallrisiko eines Kredits auf den Anbieter des CDS abzuwälzen. Es handelt sich also um eine Kreditausfall-versicherung. →AIG verkaufte solche Policen am laufenden Band, offensichtlich ohne Rücklagen zu bilden oder sich durch Gegengeschäfte abzusichern. 2008 kam, was kommen musste, der Laden brach zusammen und musste von der US-Regierung mit 180 Milliarden Dollar saniert und übernommen werden, da sonst das US-Banksystem und in Folge das weltweite System zusammengebrochen wären. Diese Geschäfte spielten sich zwischen Banken, Zweckgesellschaften und großen Anlegern ab, der Endkunde hatte die Folgen zu erleiden.

CMO (*collaterized mortgage obligations*) ist ein Untertyp der ABS, in dem Hypotheken gebündelt und in handelbare Tranchen unterschiedlicher Qualität zerlegt werden.

ETC (*exchange traded commodities*) sind Derivate auf Rohstoffe, siehe auch ETF.

ETD (*exchange traded derivatives*) ist der Sammelbegriff für börsengehandelte Derivate. Besser werden sie dadurch nicht.

ETF (*exchange traded funds*) umfassen die börsengehandelten Fonds aller Art. Fonds sollten eigentlich das enthalten, was draufsteht. So sollte zum Beispiel ein DAX-ETF tatsächlich die DAX-Aktien in der geeigneten Zusammensetzung enthalten. Damit wäre es kein Derivat, sondern ein Aktienfonds spezieller Art. Aber inzwischen gibt es mehr ETF, als Material vorhanden ist, um das Thema abzubilden. Man kann inzwischen einen bestimmten ETF virtuell konstruieren. Die Konsequenz kann nur lauten, sich einen ETF genau anzusehen, bevor man zugreift, und die virtuellen Typen zu meiden. Im Ernstfall bliebe einem der treuherzige Blick des Verkäufers als Trost.

MBS (*mortgage backed security*) klingt auch unschuldig, ist aber eine andere Bezeichnung für ABS oder CDO. All diese Kürzel für Derivate nützen sich schneller ab, als man sie wieder verkaufen könnte.

OTC (*over the counter*) bezeichnet den ungeregelten Aktienhandel, in den USA durch NASDAQ. In Deutschland heißt das Freiverkehr.

SPE (*special purpose entity*) und SPV (*special purpose vehicle*) bezeichnen Zweckgesellschaften, die gegründet werden, um außerhalb der eigenen Bilanz Geschäfte zu tätigen, die sonst nicht zulässig wären und über die man besser nicht in der GV diskutiert. Da diese Abkömmlinge typischerweise kaum Eigenkapital haben, werden sie durch Kredite und Garantien der Mutter finanziert. Das sieht seriös aus, ist es aber nicht und brandgefährlich, da das Risiko der mit diesen Krediten finanzierten Geschäfte (z. B. gekaufter oder ausgegebener Derivate) sich nicht im Kreditrisiko der Mutter widerspiegelt, also weitgehend ungedeckt ist. Die irische Bankenkrise ist ein Beispiel, wie das schieflaufen kann. Wenn den Iren bewusst gewesen wäre, was da alles gelaufen ist, hätten sie ihre Banken kaum gerettet, sondern untergehen lassen.

Alles, was in diesem Kapitel gesagt wurde, hat in meinen Augen mit solider Vermögensverwaltung nichts zu tun. Das generelle Problem besteht darin, dass die Banken und Finanzdienstleister mit diesem Zeug bis über beide Ohren vollgestopft sind und dadurch voneinander abhängen. Der Dominoeffekt ist vorprogrammiert. Wenn Du vorn am Schalter Deiner Bank als Kunde stehst, weißt Du nie, was sie im Hinterstübchen treibt. Du merkst es erst, wenn Du an einem Montag vor der verschlossenen Tür stehst.

Der Kampf um die Nanosekunde

Über Jahrhunderte war die Börse eine →Präsenzbörse. Das ist Geschichte. Zuerst das Telefon (über Standleitungen), dann der Computer übernahmen den Informationsaustausch. Der vorletzte Schritt war, die Kursbildung dem Computer zu überlassen. Du kannst Dir vorstellen, wie das den Handel beschleunigt hat.

Ich erinnere mich noch gut an die Besuche bei meiner Bank vor etwa 35 Jahren. Sicherheitsschleusen waren unbekannt, ich wurde sofort in den Handelssaal geleitet. Die Gespräche fanden seitlich in einer kleinen offenen Koje statt. Draußen tobte der Handel an über 100 Bildschirmen. Mein Berater holte sich Informationen per Zuruf und rief meine Orders einfach in den Saal, um Minuten später die Bestätigung der Ausführung zu erhalten. Heute ist für Kundengespräche ein eigenes Stockwerk reserviert, getrennt vom Kernbereich der Bank. Als privater Anleger bedaure ich den Verlust der beeindruckenden Nähe am Geschehen, sehe jedoch den Fortschritt, die Informationen am eigenen Computer zu verfolgen und Orders per Internet abzuwickeln. Da ich meine Entscheidungen zwar rasch, aber nie impulsiv treffe und mit dem Hochfrequenzhandel ohnehin nicht Schritt halten könnte, kommt mir diese Entwicklung entgegen.

Bereits vor der Jahrtausendwende beobachtete ich einen Wandel. Zunehmend hielten Diplomphysiker und Diplom-mathematiker Einzug in den Handelsetagen, obwohl sie keinen Schimmer vom Bankgeschäft hatten. Man brauchte sie, da der Übergang vom computergestützten zum computerisierten Handel einsetzte. Die Konstrukte (→Derivate) wurden immer komplizierter und der Handel wurde mit vorprogrammierten Algorithmen zunehmend dem Computer überlassen. Die Konzipierung dieser Derivate und der Algorithmen für den automatisierten Handel überstiegen die mathematischen Kenntnisse von Bankleuten. Ein neues Zeitalter hatte für die Finanzwelt begonnen.

Der Computerhandel hat sich inzwischen so beschleunigt, dass beim Zugang zur Börse um Nanosekunden gekämpft wird. Die Länge der Verbindungskabel zum Börsencomputer wird in Zentimetern gemessen (1 ns gleich 30 cm). Der gesuchteste Programmierer ist der, welcher die kürzesten Programme schreiben kann, denn auch diese kosten Nanosekunden. Ich habe Dir das Buch »Flash Boys« von Michael Lewis besorgt. Es ist der Bericht eines Insiders und brandaktuell. Beim Lesen müssten Dir die Augen aufgegangen sein. Ergänzend solltest Du wissen, dass etwa 70 Prozent des Handelsvolumens an den Börsen verselbständigter →Hochfrequenzhandel sind, der erzeugt wird, um kleinste Kursschwankungen im Mikrosekundentakt auszunützen oder Kurse in eine bestimmte Richtung zu manövrieren (in diesem Zusammenhang ein unsinniges Wort, denn es ist abgeleitet von ‚main d'oeuvre', was Handarbeit bedeutet). Allein der an der Wall Street derart abgezockte Gewinn wird auf 200 Milliarden Dollar jährlich geschätzt. Von daher kommen die Superboni, die die ganze Welt aufregen und die nicht vom normalen Bankgeschäft stammen. Interessant ist auch, dass selbst die größten Fondsverwalter auf der Verliererseite stehen, d. h. abgemolken werden. Die Börse ist auch für große Insider zum Haifischbecken geworden. Die daneben existierenden →*dark pools* sind private Nebenbörsen, die sich jeglicher Kontrolle entziehen. Mehr kannst Du dem oben zitierten Buch entnehmen, das Du hoffentlich gelesen hast.

Ein Wort zu den Börsen selbst. Jedes Land hat seinen nationalen Börsenplatz, einige davon haben internationale Bedeutung, wie London (LSE), New York (NYSE, NASDAQ), Paris, Frankfurt, Hongkong, Tokio oder Singapur. Außerdem gibt es spezielle Börsen für Rohstoffe (*commodities*), z. B. COMEX in Chicago, für Termingeschäfte und für Derivate. Die Börsen unterliegen der Staatsaufsicht, um die Unparteilichkeit zu gewährleisten. Angesichts des Hochfrequenzhandels kann davon aber keine Rede mehr sein. Die Börsen selbst sind zu einer Reform unfähig, da bereits zwei Drittel ihres Umsatzes auf den Hochfrequenzhandel entfallen und für entsprechenden Umsatz sorgen. Es wäre Staatsaufgabe, rigoros einzugreifen. Deutschland versucht es zwar mit seiner Gesetzgebung, solange jedoch die Leitbörsen (NYSE, LSE) nicht mitmachen, ist das ein beschränkter Ansatz. Würde man beispielsweise alle Orders nach einem Zufallsalgorithmus im Sekundenbereich verzögern, wäre dem Spiel um die Nanosekunde ein Ende bereitet, ohne dass ein Nachteil für den ernsthaften Anleger entstünde. Selbst meine schnellste Verbindung zum Broker und dessen Reaktion beansprucht Minuten, diese Zufallsverzögerung wäre belanglos.

Als Anleger kannst Du da nichts beeinflussen, denn Du hängst an der Bank oder am Broker. Du kannst jedoch den Börsenplatz wählen, entweder durch Anweisung oder durch die Wahl der Handelswährung. Viele Titel werden in mehreren Währungen gehandelt und Dein Auftrag wandert zu der Börse im betreffenden Währungsgebiet. Außerdem solltest Du Deine Orders nicht aus einer Augenblickslaune oder als Reaktion auf eine Zeitungsnotiz platzieren, sondern durch Informations-gewinn vorbereiten. Deine Nanosekunde dauert mindestens um den Faktor zehn hoch dreizehn länger.

Ein weiterer Gesichtspunkt ist die Marktbreite für den jeweiligen Titel. Je größer der Umsatz an einer spezifischen

Börse ist, desto wahrscheinlicher sind günstige Kurse in beiden Richtungen (Kauf und Verkauf). Der →*spread* (Kursspreizung Geld/Brief) ist also meist geringer. Bei größeren Aufträgen im Verhältnis zum aktuellen Handelsvolumen musst Du aufpassen, dass Deine Order nicht den Kurs gegen Dich in Bewegung bringt. Du kannst das vermeiden, indem Du zur Börse mit dem größten Umsatz dieses Titels gehst und Deine Order stückelst. Wenn Du die Bank entsprechend beauftragst, wird der Händler das für Dich besorgen und auf seinem Börsencomputer die Wirkung beobachten. Bist Du Kunde bei einer Onlinebank, musst Du das unter Umständen selbst besorgen, kannst aber die Wirkung nicht verfolgen mangels Zugang zu den Kursen in Echtzeit. Wenn Du meinst, das zu benötigen, musst Du Kunde bei Bloomberg oder Reuters werden.

Da ich mich angesichts dieser Entwicklung als Kleinanleger und absoluten Außenseiter betrachte, konnte ich nur feststellen, dass die Volatilität stetig zunahm. Auch die unerklärbaren plötzlichen Kursausschläge und Unregelmäßigkeiten führe ich darauf zurück. Meine Anlagetechnik hat sich inzwischen geändert. Ich werde dies in den nächsten Kapiteln erörtern.

Es wird persönlich

Mit diesem Kapitel will ich überleiten vom Allgemeinen zum Persönlichen und versuchen, Dir die Frage zu beantworten, warum meine Vermögensverwaltung so erfolgreich ist. Du musst es später nicht genauso machen wollen, zumal sich die Randbedingungen ständig und nach meinem Gefühl immer schneller ändern. Auch ich habe meine Strategien mehrfach den Umständen angepasst in den letzten 40 Jahren. Unbeweglichkeit ist Gift, wenn man sich auf diesem Parkett bewegt. Aber man darf ruhig seine Grundsätze beibehalten. Sind sie solide, werden sie sich bewähren.

Vermögensverwaltung ist eindeutig keine Wissenschaft. Jedoch sind profunde wirtschaftliche Kenntnisse nach meiner Meinung ein bedeutender Teil des nötigen Rüstzeugs, wenn man ernsthaft einsteigen will. Ohne volkswirtschaftliches Wissen bist Du blind für die großen Zusammenhänge. Wenn die Finanzwelt aus den Fugen gerät, dann wegen der großen internationalen Themen wie Staatsverschuldung, volkswirtschaftliche Ungleichgewichte, Währungs- und Geldpolitik, Probleme der Schwellen- und Rohstoffländer. Du solltest die Fachsprache beherrschen, womöglich in Englisch, Französisch und Deutsch, um Dich zu informieren, die Informationen einzuordnen und zu interpretieren. Es überrascht mich immer wieder, wie oft die allgemeine Informationsflut an Schlüsselereignissen achtlos vorbeischwappt und sie höchstens auf den hinteren Seiten kurz erwähnt. Hier gewinnst Du Deinen Informationsvorsprung, denn Kommentare und Analysen brauchen Zeit bis zur Veröffentlichung, und dann ist es noch eine Frage, ob sie zutreffend und aussagekräftig sind.

Praktisch alle Wirtschaftsperiodika sind heute im Internet zugänglich. Nutze diese papierlose Möglichkeit, um die Titel zu überfliegen und einzuhaken, wo es lesenswert scheint. Alle Meinungen zählen, denn daraus bildet sich der Konsens, und dem folgt die Börse und mit zeitlicher Verzögerung die Politik. Daneben gibt es nur für Abonnenten zugängliche Informationsbriefe. Ich beziehe drei, das reicht, um das Bild auf gehobenerer Ebene zu vervollständigen. Mehr wäre verwirrend, und billig sind sie schließlich nicht. Oft lese ich, wie man es nicht machen sollte, was auch ein Gewinn ist.

Ohne Betriebswirtschaft geht es auch nicht. Du musst die Terminologie und doppelte Buchführung beherrschen und solltest bilanzsicher sein. Ich würde mich ohne Letzteres verloren fühlen. Meine Aktivitäten finden ihren Niederschlag in einer professionellen doppelten Buchführung mit Jahresabschluss, nicht nur der Ergebniskontrolle wegen, sondern auch, um Bankauszüge und Börsenabrechnungen nachzuvollziehen. Meine jahrzehntelange Programmier-erfahrung habe ich dazu genutzt, mein eigenes Verschlüsselungssystem zu entwickeln, das in dieser Art einmalig ist und hartnäckigen Attacken standhalten sollte.

Ich bilde mir nicht ein, der Einzige zu sein, der über diese Kenntnisse verfügt. Ein Wirtschaftsstudium und IT-Fertigkeiten gehören heute schon fast zum Minimum an Allgemeinbildung, ebenso Fremdsprachen. Es muss also noch etwas anderes sein. Ich beobachte mich seit Langem – auch auf anderen Gebieten. Nach so vielen Lebensjahren wird man allmählich sein eigener bester Freund. Ich will mich hier nicht auf einen psychoanalytischen Exkurs begeben. Da mir prophetische Gaben fehlen, nenne ich es schlicht Witterung und Jagdinstinkt. Ich könnte über Dutzende lebensgefährliche Begebenheiten aus allen Bereichen meines Lebens, Sport inklusive, berichten, in denen es auf Sekundenbruchteile ankam und ich rechtzeitig ausscherte oder durch intuitiv richtige Entscheidungen unbeschädigt, manchmal sogar als Sieger herauskam. Angst als Ohnmachtsgefühl kenne ich nicht. Entweder ich weiche aus oder ich laufe zu Höchstform auf. Ist ein solches Leben nicht äußerst anstrengend? Keineswegs, es liegt in meiner Natur.

Etwa 2008/09 untersuchten Wissenschaftler in einer Serienstudie Börsenhändler (*trader*), um herauszufinden, was sie zum Erfolg prädestiniert. Das einzige relevante Kriterium war am Ende der kurze Zeigefinger im Verhältnis zum Ringfinger. Als ich das las, betrachtete ich meine Hände, und wusste Bescheid. Schau Deine Hände an!

Du wirst mich jetzt fragen, wie viel Zeitaufwand es letztendlich erfordert. Nun, meine Kenntnisse einzusetzen und meine Erfahrung zu verwerten betrachte ich nicht als Aufwand, auch nicht mein Verhalten. Es hält mich fit und ist eine intellektuelle Herausforderung. Den Zeitaufwand sollte man auch nicht überschätzen. Zeitunglesen entspricht dem allgemeinen Informationsbedürfnis, dagegen habe ich noch nie im Leben einen Fernseher besessen. Und ein paar Stunden in der Woche seinen finanziellen Angelegenheiten zu widmen, das tut jeder. In meinem Fall sind es nicht Steuererklärungen und andere Behördenformulare, sondern meine Dispositionen und Kontakte zu den Banken. Dazu habe ich eine passende Geschichte.

2009 trug ich mich mit dem Gedanken, meine Vermögensverwaltung loszuwerden und einer geeigneten Bank zu überlassen, um ungestört auf See zu leben. Solche Banken gibt es reichlich in der Schweiz. Ich ließ die beiden größten beiseite, sie schienen mir zu unbeweglich und waren unter

Eingeweihten schon im Gerede. Ich rief bei einer renommierten Privatbank an. Als ich eine Andeutung machte, um welche Summe es ging, war sofort ein Termin meiner Wahl frei, zu dem zwei der Direktoren erschienen. Meine Fragen zur Anlagestrategie wurden wortreich beantwortet und mit jährlichen Erfolgsrechnungen der Vermögensverwaltung unterlegt. Ich nahm die letzten 15 Jahresberichte dankend unter den Arm, verabschiedete mich und fuhr heim. Zuhause stellte ich ein Glas Wein neben den Computer und drehte die Berichte durch die Excel-Mühle. Ich wollte den durchschnittlichen Erfolg über besagte 15 Jahre wissen. Innerhalb dieser Zeitspanne war allerhand passiert: die Asienkrise 1997, die Dotcom-Krise 2000/01 und die Subprime-Krise 2007/08. Das Ergebnis war ernüchternd, um es höflich auszudrücken. Im Durchschnitt hatte die Bank für ihre Kunden ein Plus von jährlich 1.5 Prozent nach Gebühren erzielt. Naja, zumindest war es nicht negativ wie bei anderen Vermögensverwaltern. Zum Vergleich holte ich meine Buchführung auf den Bildschirm. In denselben 15 Jahren war mein persönlicher Durchschnitt +11.5 Prozent, ebenfalls nach Gebühren. Ich war geheilt. Am nächsten Morgen rief ich bei der Bank an und sagte ab. Seitdem kocht der Chef weiterhin selbst.

Grundsätzliche Überlegungen

Bevor ich zu konkreten Finanzstrategien komme, will ich Dir Grundsätze und Erfahrungen mitgeben, die Voraussetzung sind für nachhaltigen Erfolg. Du kennst mich und mein Leben, vieles wird Dir geläufig sein. Ich halte es trotzdem für angebracht, es zusammenzufassen, da es in mehrfacher Hinsicht auch die Quintessenz meiner diesbezüglichen Lebenserfahrungen ist.

Wenn Du eines Tages das Gefühl hast, genug gearbeitet zu haben und Dich den angenehmeren Seiten des Lebens zuwenden willst, überlege, das Land zu verlassen, in dem Du Karriere gemacht und Dein Geld verdient hast, nicht als Flüchtling, sondern um einen Schlusspunkt zu setzen. In meinem Falle ergab sich das von selbst, da der Käufer meines Betriebes, der damit zugleich meinen Namen übernahm, auch forderte, dass ich im Inland nicht mehr als möglicher Konkurrent tätig würde, denn ich war noch keine 50 Jahre alt. Ich unterschrieb es gerne, da es den Verkaufserlös kräftig erhöhte, und zog von dannen. Mein Auszug war vollständig. Alles Unbewegliche hatte ich versilbert, den größten Teil des Hausrats verschenkt und den Rest samt Zahnbürste(!) mitgenommen. Innert kürzester Frist waren alle administrativen Bindungen gelöst, ich verschwand vom Radar. Ich habe es keine Millisekunde bereut. Es war eine Frischzellenkur der besonderen Art. Heute bin ich im Vergleich zu meinen Altersgenossen körperlich und geistig um mindestens 25 Jahre jünger.

Lange bin ich als Tourist mehrmals im Jahr zurückgekehrt, um Verwandtschaft und Freunde zu besuchen. Aber das findet jetzt allmählich ein natürliches Ende, entweder auf dem Friedhof oder weil mein aktiver Freundeskreis eine Generation jünger ist und sich die Interessen der älteren verschoben haben zu den altersbedingten Zipperlein.

Gebe Deine Nationalität nicht auf, Du kannst sie ohnehin schwer verleugnen, wenn Du Du selbst bleiben willst. Du hast wie ich einen vorzüglichen Pass, mit dem Du Dich fast überall frei bewegen kannst, ohne Visumzwang oder sonstige Einschränkungen. Das Original Deiner Geburtsurkunde ist Dein wertvollstes Stück Papier, um in jeder Botschaft einen neuen Pass zu erhalten. Ich hatte sogar nacheinander zwei, in denen als Wohnort vermerkt war: »Ohne festen Wohnsitz«. Das war praktisch, führte aber beim Grenzübertritt zu manch hochgezogener Augenbraue. Ich konnte es ertragen.

Von Zweitpässen mit anderer Identität halte ich nichts. Wozu auch, wenn man nichts ausgefressen hat. Seit Jahrzehnten pendle ich zwischen mehreren Ländern, um nirgends länger als 180 Tage im Jahr zu verweilen. Seit ich meist auf der Yacht lebe, hat sich das erübrigt. Ich reise nicht mehr selbst, mein »Heim« fährt mich durch die Welt. Hochseesegeln ist übrigens eine der letzten großen Freiheiten auf dieser Welt. Beiläufig habe ich eine interessante Beobachtung gemacht. Seit meiner Zeit im Internat habe ich stets aus meinem Kulturbeutel gelebt, wie man das in einem Hotel tun würde, selbst über Jahrzehnte zu Hause. Zahnbürste rein, Reißverschluss zu, Beutel in die Reisetasche, bye bye. Auf dem Boot habe ich erstmals ausgepackt und den Beutel weggesteckt, ich bin angekommen.

Passe auf Deinen Namen auf, Du hast nur den einen. Verwende ihn sparsam. Vor allem im Internet bist Du verletzlich. Ich beobachte die Häufung von gestohlenen Identitäten. Sofern sich jemand Deiner E-Mail-Adresse samt Passwort bemächtigt, hat er auch Dein Adressverzeichnis und kann unter Deinem

Namen hausieren gehen, um Deine Freunde abzugreifen. Ich konnte schon mehrmals andere warnen, die das noch nicht richtig mitbekommen hatten. Mir fiel der unkorrrekte Tenor der Scam-Mails auf. Lege Dir neutrale Adressen zu, die keine Rückschlüsse auf Deinen bürgerlichen Namen zulassen, für Eingeweihte jedoch erkennbar sind, das verhindert persönlich gefärbten Scam. Nimm Dir ein Beispiel an mir.

Achte immer, überall und unter allen Umständen auf Deine persönliche Unabhängigkeit. Wie sehr dies meine Haltung und meinen Lebensstil geformt und auf meinen Nachwuchs abgefärbt hat, kannst Du aus folgender Episode entnehmen. Mit Deiner älteren Halbschwester flog ich einmal über ein langes Wochenende nach London, um der Mutter eine Schnaufpause zu gönnen. Sie war sechs Jahre alt und das erste Mal allein mit ihrem Papa unterwegs. Das Wetter war frühsommerlich warm und unenglisch sonnig. Wir frühstückten in der City, besuchten Big Ben und den Tower, fütterten die Enten im St. James Park, kauften bei Harrods ein und schauten zu beim Wechsel der Garde vor dem Buckingham-Palast. Ich hatte sie auf meine Schultern genommen, da sie sonst nichts gesehen hätte, und ihr die Kamera in die Hand gedrückt. Während wir warteten, kamen von oben die Fragen: »Papa, was macht eine Königin?« Ich erklärte es ihr. Dann: »Papa, muss die Königin viel arbeiten?« Ich wieder: »Ja, schon, sie muss viele Veranstaltungen besuchen und Tausende Hände schütteln, beim Regieren helfen, dauernd Besuche empfangen und außerdem hat sie noch einen Mann und vier Kinder.« Dann, nach einer Gedankenpause: »Papa, warum macht sie sich nicht selbständig?« Der Gardewechsel begann und ersparte mir eine Antwort. Was hättest Du ihr geantwortet? Du hast ja auch schon ähnliche Bemerkungen gemacht.

Halte Dich fern von Korruption, gleich ob aktiv oder passiv. Bereits nach dem ersten krummen Geschäft ist man ausgeliefert und muss das nächste akzeptieren. Nie! Nie! Ich habe mich mit meinem Patenonkel (er vertrat die Vaterstelle nach dem frühen Tod meines Vaters) überworfen, als er mir mit einem fischigen Vorschlag kam, und habe ihn nie wieder lebend gesehen. Meine Erfolge beruhen zum Gutteil auf meiner absoluten Souveränität und das ist noch heute so. Gerade in Finanzgeschäften gilt das Wort, auch wenn es manchmal einiges kostet. Korruption ist unausrottbar und Du findest sie auf jeder Ebene. Wenn unvermeidlich, überlasse sie Dritten an Deiner Stelle. Ich hatte in meinem Leben einige Male Berührung mit der Ehrenwerten Gesellschaft, habe sie als Ehrenmänner behandelt und war am Ende angenehm überrascht, obwohl nie ein Wort geschrieben wurde und ich nie finanzielle Konzessionen gemacht habe. Von sogenannten Geschäftsleuten kann ich das nicht in jedem Fall behaupten, da hätte mancher einen handfesten Denkzettel durch die Ehrenwerten verdient.

Du sollst jederzeit großzügig sein. Es wird Dir viele Türen öffnen. Ein altes Bauernsprichwort sagt, dass man dem Esel, der das Getreide drischt, nicht das Maul verbinden soll. Jemanden zu einer Mahlzeit einzuladen oder eine Aufmerksamkeit zu schenken liegt fernab von Korruption, es ist eine zwischen-menschliche Geste. Die heutigen Antikorruptionsregeln gehen da an der Sache vorbei. Als ob man mit solchen Kleinigkeiten jemanden bestechen könnte. Es hebt jedoch die Atmosphäre.

Ich hatte früher zwei Steuerberater. Der erste war pfiffig, mit ihm heckte ich meine Strategien aus. Der zweite war treuherzig und verkaufte die Resultate löffelweise der Steuerbehörde, ohne das Spiel zu durchschauen. Der erste hat mir wiederholt drei Ratschläge eingeschärft, die ich hier gern weitergebe. Erstens, finde eine einfache Lösung (KISS = *Keep It Simple, Stupid*), um

Dich nicht später im eigenen Gespinst zu verheddern. Zweitens, bleibe immer legal, was ich auch eisern einhalte. Der springende Punkt ist, dass in anderen Ländern Legalität auch anders definiert wird. Und der dritte Ratschlag war nicht minder wichtig: »Sag nie etwas Deiner Frau!« Auch das beherzigte ich über vier Verbindungen hinweg. Aus meiner Erfahrung könnte ich noch einen vierten Rat anfügen: »Sei ehrlich!« Lügen haben kurze Beine, denn am Ende weiß man selbst nicht mehr, wem man welchen Bären aufgebunden hat. Allerdings ist auch die halbe Wahrheit eine Wahrheit, und Verschwiegenheit gilt als Tugend.

An diesem Punkt muss ich über die seit Anfang 2016 geltende Meldepflicht der Banken reden. Die Zahlen für 2016 werden erstmals Anfang 2017 gemeldet werden. Es ist schon ein tolles Stück, dass die Ausführungsrichtlinien und Formblätter derzeit noch nicht bekannt sind. Selbst die Banken tappen im Dunkeln. Gehe auch in diesem Zusammenhang mit Deinem Namen sparsam um und unterhalte persönliche Bankkonten nur als bescheidenes Haushaltskonto, um Strom, Wasser, Gas und Telefon unbar zu bezahlen und eine Kreditkarte für den Supermarkt zu füttern.

Grundsätzliche Beachtung verdient auch der US-amerikanische →Foreign Account Tax Compliance Act (FATCA), der die ganze Welt dem US-Informationsbedürfnis unterstellt. Mir ist schleierhaft, wie weit andere Staaten in dieser Hinsicht ihre Souveränität aufgeben konnten und sich unterwarfen. Halte Dich von allem fern, was Dich dieser Regelung aussetzen würde, Du wirst es kaum wieder los. Erwerbe nie eine →greencard und kein Eigentum in den USA, nicht einmal Wertpapiere, es sei denn über in Europa domizilierte Fonds und Zwischenschaltung einer geeigneten Vermögensverwaltung, die diesem System nicht unterworfen ist. Heirate auch keine

Amerikanerin – im Falle einer Scheidung würdest Du selbst ohne FATCA Dein letztes Hemd verlieren. Ich kenne einschlägige Fälle. Silikon und Puritanismus sind außerdem nicht mein Fall. Aber da rede ich Dir nicht drein.

Sei geduldig, aber nicht schläfrig. Warte Entwicklungen ab. Vieles regelt sich im Zeitablauf ohne Mühe in Deinem Sinne, wenn Du vorher die Weichen richtig gestellt hast. Wenn Du aber zuschnappst, halte die Beute fest. Einige Male wurde ich schon als Alligator apostrophiert, was nicht gerade ein Kompliment ist. Kann sein, dass da was dran ist. Wenn Du aber feststellst, dass die Umstände stärker sind als Du, weiche rechtzeitig aus. Als Martyrer machst Du keine gute Figur.

Und zuletzt, sei loyal und tolerant zu denen, die Dir nahestehen. Wenn Du am Ende Deines Lebens ein halbes Dutzend Personen, Lebensgefährtin eingeschlossen, zählen kannst, zu denen Du absolutes Vertauen hast und die Dir ebenso bedingungslos vertrauen, dann darfst Du Dich glücklich schätzen. Pflege diese Verbindungen. Greife ihnen ungefragt unter die Arme, falls es notwendig ist, und hoffe, dass sie bei Bedarf entsprechend ihren Möglichkeiten dasselbe tun.

Wie fängt man an?

Meistens fängt man klein an, besonders nach dem 2. Weltkrieg. Da war ich keine Ausnahme. Zehn Jahre nach meiner Studienzeit war ich schon längst selbständig und der Zeitpunkt war gekommen, zu entscheiden, wie ich meine Vermögenslage gestalten wollte. Ich entschied mich, wieder einen Fuß ins Ausland zu setzen und reaktivierte meine alten Verbindungen. Ich zahlte inzwischen Einkommensteuer in sechsstelliger Höhe nach dem Spitzensatz, wusste, dass es für mich nichts zu erben gab und dass sich der Staat nicht um meine Altersversorgung scheren würde. Meine ausländischen Berufsjahre zählten nicht dafür, und dann war ich ja schnell selbständig geworden. Ich musste meine Zukunft selbst in die Hand nehmen.

Meine Lehrjahre in der Finanzwelt habe ich weiter oben beschrieben, nämlich meine Aktivitäten im Bereich der Private Equity. Diesen Begriff gab es damals noch nicht, er ist jüngeren Datums, beschreibt aber recht genau, was ich trieb. Im Sommer 1982, Kohl war aussichtsreicher Kanzlerkandidat, wachten die Börsen auf. Ich war von Anfang an dabei und kaufte Aktien. Anfangs ziemlich wahllos, aber damals konnte man nicht viel falsch machen, alles boomte. Ich konzentrierte mich auf Schweizer Aktien. In diesem Land kannte ich mich aus, es lag mir nahe.

Rückblickend sehe ich, dass ich Zinspapiere nur in dem Umfang hielt, um aus den Zinseinahmen die laufenden Verwaltungskosten zu decken. Etwas Gold war dagegen immer dabei, da legte ich regelmäßig etwas zur Seite. Überwiegend hielt ich Aktien. Die Konjunkturzyklen hatten in diesen Jahren noch einige Regelmäßigkeit und ich lernte schnell, die

Branchenrotation innerhalb eines Zyklus auszufahren. Grundstoffindustrie lief voran, dann folgten Industrieaktien und schließlich der Konsum. Banken, Versicherungen und Pharma hatten ein gewisses Eigenleben. Ich habe in meinen alten Unterlagen nachgesehen, gute Jahre brachten zwischen 25 und 35 Prozent Vermögenszuwachs, einige Minusjahre mischten sich darunter, sozusagen als Schnaufpause.

Das Ganze war relativ einfach, in ein paar Stunden pro Monat konnte ich meine Dispositionen treffen, nicht mitgerechnet die Lektüre von Wirtschaftsnachrichten beim täglichen Zeitungsstudium. Eines Tages hatte ich die Idee, eine Inhaberaktie von Hoffmann-La Roche zu kaufen. Die kostete um die 110'000 Franken, dafür gab es nur 50'000 Stück. Mein Bankberater war skeptisch, führte den Auftrag aber brav aus. Ein paar Monate später rief er mich an, dass die Aktie 2:1 gesplittet würde. Kurze Zeit später war der Kurs schon fast auf der alten Höhe. Das Spiel wiederholte sich einige Male. Ich fuhr in diesem Aufzug mit, oben angekommen stieg ich aus. Mein Berater glaubte mir nie, dass ich vorher nichts davon gewusst hatte.

Wie findet man die Perlen unter den Aktien? Eine gute Frage, denn schon Karl Valentin hat festgestellt: »Prognosen sind schwierig, besonders wenn sie die Zukunft betreffen.« Kursdiagramme (Charts) enden in der Gegenwart. Es gibt verschiedene Methoden der Chartanalyse, an denen man sich orientieren kann. Trends lassen sich damit schön verfolgen und Widerstände (frühere Brüche der Kontinuität) definieren. Ich betrachte Charts vergleichend. Da ich eine gute Erinnerung an früheres Börsengeschehen und Unterlagen darüber habe, stelle ich mir die hypothetische Frage, wie ich mit der zur Wahl stehenden Aktie durch die letzten zwei, drei Jahre gekommen wäre, immer unter Berücksichtigung der gleichzeitigen

Firmengeschichte. Es ist also die Frage nach der Volatilität und Robustheit des Kursverlaufs im Vergleich zu meiner persönlichen Erfolgskurve. Ist die Aktie besser, kann ich sie kaufen und eine schwächere abstoßen.

Dies hat Grenzen, wenn man ein ausgeglichenes Portfolio erreichen und behalten will. Es stellt sich auch die Frage, wie lange man ein Papier halten soll, denn Trends laufen nicht ewig und die Branchen wechseln sich in der Führungsposition ab. Im Mittel betrug meine Haltedauer zwischen ein und zweieinhalb Jahren, da sich – mit Ausnahme einiger Dauerläufer – meist Ermüdungserscheinungen einstellen.

Wie viel verschiedene Titel soll man im Portfolio haben? Ich sehe die Untergrenze bei etwa 250'000 Euro je Einzeltitel, um Spesen und Zeitaufwand im Zaum zu halten. Mehr als 20 bis 30 Titel sollten es andererseits auch nicht werden, da Du damit das ganze Spektrum der gerade interessanten Branchen und Länder abdecken kannst. Werden es mehr, steigen Dein Zeitaufwand, um auf dem Laufenden zu bleiben, und das Risiko, den Überblick zu verlieren.

Im Rückblick stelle ich fest, dass ich mich auf die Börsen in Frankfurt, Zürich, London und New York beschränkte. Die Exoten und Schwellenländer kamen noch nicht ernsthaft in Betracht. Italien und Frankreich mied ich, da dort der Staat zu viel mitspielt. Die Währungsrelationen bewegten sich zwar, jedoch in überschaubaren und gemächlichen Trends. Mit Termingeschäften konnte man sich gut absichern. Ich nutzte solche Termingeschäfte darüber hinaus mit gutem Erfolg, um zusätzlichen Gewinn zu erzielen. Es war die Zeit, um zusätzlich mit Optionen zu spielen und Börsentrends auszunutzen. Ob solche Zeiten wiederkommen? Ich bezweifle es. Es bleibt jedoch die gesammelte Erfahrung und der Spürsinn. Auch ein Hund muss erst abgerichtet werden, um als Trüffelhund wertvoll zu werden. Mein Weinbauer im Vaucluse hat im Weinberg auch Eichen, unter denen er mit seinem Trüffelhund und mir auf Suche geht. Sein Hund wird gepflegt wie ein Kind und sein Zwinger ist mit Schloss und Alarmanlage gegen Diebstahl gesichert. Er versichert mir, dass er sich für seinen Preis ein Rennpferd zulegen könnte, und erzählte, dass er nach der Geburt des Hundes die Zitzen des Muttertiers mit Trüffeln eingerieben habe, um den kleinen an den Duft zu gewöhnen. Das habe ich in Deinem Fall allerdings versäumt.

Trüffel werden ausschließlich bar ohne Rechnung oder Quittung gehandelt, da sonst der Anreiz fehlt, danach zu suchen. Vom Ursprungsort bis nach Paris vervierfacht sich der Preis. Ein Kilo kostet an der Quelle um die 1'000 Euro oder mehr, je nach Jahreszeit und Wetter. Ohne Bargeld keine Trüffel. Das muss man den Politikern klarmachen, bevor sie das Bargeld abschaffen, denn die essen auch gern Trüffel.

Die Randbedingungen änderten sich rapide um die Jahrtausendwende. Die Öffnung Osteuropas war Tatsache und die erfreulichen Folgen der Globalisierung waren an den Finanzmärkten unübersehbar. Die asiatischen Tigerbörsen waren aufgewacht, dafür ging die japanische unter. Computer übernahmen das Börsengeschehen und old industry kam in Verruf. Die Finanzmärkte kämpften mit den Folgen der Dotcom-Krise. Die Volatilität nahm zu und der Überblick wurde schwieriger. Da ich weder Zeit hatte noch Lust verspürte, unter diesen Umständen viele Einzelanalysen zu machen, begann ich, mich für Aktienfonds in fernab liegenden Märkten zu interessieren und solche Fonds ins Depot zu übernehmen. Dieser Schwenk verlegte die Diversifikation aus dem Depot in die Fonds, die mir an Expertise in diesen Märkten überlegen waren.

Ich fand es auch störend, dass inzwischen die deutsche Börse völlig unter angelsächsischen Einfluss geraten war. Der DAX wird inzwischen nur mehr zu kaum 15 % von inländischen Aktionären gehalten, über 50 % sind in US- oder britischer Hand (Börsen-Zeitung). Dies ist eine Folge der deutschen Abneigung gegen Aktienbesitz, die selbst die Banken und Versicherungen erfasst hat, und zu großer Volatilität und erratischen Kursbewegungen führt, deren Gründe an den Börsen in New York und London zu suchen sind.

Ich nutzte die Phase geschwächter Banken entschieden, um meine Bankverbindungen zu straffen und meine Kosten zu senken. Es gelang mir im Wettbewerb Pauschalvereinbarungen zu treffen, die die Depotgebühren und alle Handelsgebühren umfassten. Selbst Aktienfonds kann ich seitdem ohne Ausgabeaufschlag und spesenfrei handeln. Mit jedem weiteren Schub der Krise verhandelte ich neu und drückte meine Kosten. Ich zeigte mich erkenntlich – und das ist noch heute so –, indem ich meine Berater mit Literaturhinweisen und Ausschnitten aus Analysen und Kommentaren fütterte, was sie dankbar annahmen. Mehr als einmal wurde mir gesagt: »Wir beobachten genau, was Sie da machen, aber in vielem können wir Ihnen nicht folgen, da es unsere internen Regularien nicht gestatten.« Es ist mir wichtig, dass meine Banken auch mit mir zufrieden sind.

Etwa um diese Zeit verabschiedete sich einer meiner Bankbevollmächtigten in den Ruhestand. Ich lud ihn zu einem anständigen Mittagessen ein, um ihm meine Anerkennung zu zeigen. Wir unterhielten uns prächtig und es stellte sich heraus, dass er der letzte war, der nicht studiert hatte, sondern mit 18 Jahren als Volontär (damals ein nettes Wort für Auszubildender) eine Banklehre angetreten und anschließend die Karriereleiter durchlaufen hatte. Ich misse ihn noch heute, er war ein Bankier.

Ich habe mich noch mal in meinem Archiv vergewissert. Die Periode zwischen 2000 und 2007, also zwischen Dotcom- und Subprime-Krise habe ich mit einem Ergebnis von im Mittel knapp über +8 Prozent jährlich glimpflich überstanden, obwohl die Voraussetzungen durchwachsen waren. 2007 verdunkelte sich der Horizont. Die Vorzeichen mehrten sich, dass Schlimmes zu erwarten war. Am 2. Juli 2007 entschied ich, mich vorübergehend zu verabschieden und alles rauszuwerfen, ohne Limit und bestens. Am 04.07.2007 erfolgte die letzte Ausführung, zum Wochenende hatte ich die Abrechnungen und war völlig liquide. Ich kaufte kurz laufende *bund notes*, die noch 4.2 Prozent abwarfen. Nur zehn Tage später ging in Großbritannien die Northern Rock Bank in einem Run unter. Am 30. Juli 2007 musste in Deutschland die IKB von der Mutter, der staatlichen KfW, unter Einsatz von fünf Milliarden Euro deutscher Steuergelder vor dem Kollaps bewahrt werden. Das war gemessen an heutigen Maßstäben preiswert, die Rutschpartie hatte jedoch begonnen. Ich hatte vorher keinen Tipp und wusste nur, was jedermann in der Zeitung lesen konnte. Es war der Trüffelhund. Ich konnte nachts ruhig schlafen und tags in der Sonne liegen. Doch damit ging eine Epoche zu Ende, nichts würde mehr sein wie früher. Aus diesem Schlamassel sind wir noch nicht heraus, denn die Finanzwelt ist nicht imstande, aus eigener Kraft eine Kehrtwende zu vollziehen, und die Politik ist unfähig zu handeln, da alle westlichen Industriestaaten unanständig hoch überschuldet sind.

Wie geht es weiter?

Das Jahr 2007 war eine Zäsur und das folgende Jahr 2008 bestätigte dies. Ich hatte meine Schäfchen auf dem Trockenen und konnte die Entwicklung in Ruhe beobachten. Ich beschloss, die Zeit zu nutzen, und mich dem zu erwartenden Paradigmenwechsel rechtzeitig anzupassen. Mein Treuhänder, der mich über 35 Jahre begleitet hatte, war ein Einzelkämpfer und näherte sich der Altersgrenze. Ich hatte keine Sorgen, dass es ein Leck bei ihm gäbe, er würde sein Wissen mit ins Grab nehmen. Ersatz zu finden war jedoch schwierig angesichts der umlaufenden Informationen über Durchstechereien. Ich entschied mich für den Standortwechsel. Namen, Rechtsform und Satzung wurden dem neuen Domizil angepasst. Die anschließende Sitzverlegung war eine Formalität, die Bankverbindungen blieben unverändert, da sie in Drittländern lagen. Wie sich kurz später zeigte, hatte ich den richtigen Zeitpunkt erwischt und war weg, bevor der Käse so richtig Löcher kriegte.

Ich hatte allerdings noch eine Rechnung offen. Ein Treuhänder hatte mir zustehende Aktiva in Millionenhöhe in einer liechtensteinischen Stiftung gebunkert. Nach allgemeinem Verständnis hätte ich das Nachsehen gehabt. Ich beschloss anzugreifen. Mit einem Zürcher Anwalt setzte ich meine Strategie um, gewann wider alles Erwarten und knackte die Nuss. Es gab noch ein Nachspiel im Heimatland des Gegners, da ich auch meine Kosten ersetzt haben wollte. Mit einem ansässigen Anwalt ging ich in den Zivilprozess. Dem Richter war die Sachlage zu kompliziert, er strebte von Anfang einen Vergleich an. Wir waren unter uns, außer ihm, dem Schriftführer und den Parteien war niemand im Saal anwesend.

Der Schacher konnte ungeniert beginnen. Da ich aus Erfahrung weiß, dass Juristen nicht rechnen können, zog ich die Debatte weg von Beträgen zu Prozentsätzen. Bis hundert kommen alle mit, die Taschenrechner blieben unbenützt, während ich im Kopf mit Beträgen weiterrechnete. Am Ende waren alle zufrieden, der Vergleich wurde protokolliert und damit die Liquidierung der Stiftung besiegelt. Ich bat, eine vollstreckbare Ausfertigung sofort zu erhalten, da ich so weit angereist war. Der Richter entsprach meinem Wunsch. Auf der Treppe vor dem Justizgebäude zündete sich mein Anwalt eine Beruhigungszigarette an und fragte, ob ich mit dem Vergleich leben könne. Ich lachte und klärte ihn auf, dass die Vergleichssumme etwa 50 Prozent über dem von uns eingeklagten Betrag lag. Da fiel ihm die Zigarette aus dem Mund. Kopfschüttelnd ging er weg. Wahrscheinlich dachte er an sein Honorar. Ich hatte zu Beginn eine Streitwertvereinbarung mit ihm getroffen.

Parallel dazu reifte mein Entschluss, eine Yacht zu kaufen, da meine Charterkosten ständig stiegen und jährlich sechsstellige Beträge erreicht hatten. Ich hatte meine alte Neigung zum Segeln wiederentdeckt und verwendete zunehmend Zeit dafür. Da ich nicht die Geduld für einen Neubau aufbrachte, suchte ich auf dem Gebrauchtmarkt. Dort verfielen die Preise zunehmend, was mich zu deflationärer Zurückhaltung veranlasste. Privatflugzeuge und Yachten werden ja bekanntlich als Erstes auf den Markt geworfen, wenn in der Rezession oder Krise Liquidität gefragt ist, um existenzgefährdende Löcher zu stopfen. Innerhalb eines Jahres wurde ich fündig und griff zu. Der Umbau nach meinen Wünschen dauerte nochmals über ein Jahr und verschlang das Vierfache des Kaufpreises. Damit hatte ich mein unantastbares Domizil und war aus Europa verschwunden.

Währenddessen fraß sich die Krise weiter durch die Finanzwelt und begann die Realwirtschaft negativ zu beeinflussen. Etwa im Mai 2008 sah es nach Stabilisierung aus, ich wechselte vorsichtig auf die Käuferseite, zu früh, wie sich herausstellte. Ich hatte meine Strategie völlig geändert. Da ich aus dem Aktienmarkt schon 2007 ausgestiegen war und mir dieser viel zu volatil und nervös geworden ist, suche ich seitdem nur noch gute Aktienfonds. So kann ich mich auf die Wahl von Sektoren nach Branchen oder Ländern konzentrieren. Als Werkzeug zog ich vermehrt die Informationen einer Onlinebank heran. Ich hatte dort ein Konto eröffnet, um vollen Zugang zu haben. Ich führe auch fiktive Musterdepots, mit denen ich verkaufte Titel noch eine Zeit lang weiterverfolge, um meine Verkaufsentscheidungen auf den Prüfstand zu stellen, desgleichen fiktive Vergleichsdepots, um mich auf künftige Käufe einzustimmen. Dadurch bin ich zu raschen Entscheidungen fähig, ohne aus dem Handgelenk zu handeln.

Konsequenterweise habe ich die Zahl der Titel im Depot verkleinert, da Aktienfonds innerhalb ihres Themas ausreichend diversifiziert sind. Es sind heute weniger als zwanzig Titel, deren Einzelgewicht natürlich immer schwerer wird. Eigentlich betreibe ich einen Dachfonds. Allerdings setze ich mir Grenzen bei der Größe der gehaltenen Fonds. Unter einem Fondsvolumen von 100 Millionen Euro kaufe ich nicht. Meine Verkaufsorder könnte die Barreserve des Fonds überschreiten. Schon zweimal musste ich unangenehm lange auf die Gutschrift der Verkaufssumme warten, was ich darauf zurückführe. Am anderen Ende meide ich Megafonds über ein oder zwei Milliarden Gewicht. Sie werden zu unbeweglich durch ihre Größe im Verhältnis zum Markt.

Im Sommer 2008 starrten alle noch auf die geplatzte Subprime-Blase und übersahen, dass die Gefahr im murkigen Dunkel des

Derivatemarkts lauerte. Am 13. September 2008 schlug die Bombe ein, Lehman Bros. erklärte Konkurs. Über mein Erlebnis mit einer Luxemburger Bank an diesem Wochenende habe ich schon berichtet, am Ende war es eine Marginalie. Im Übrigen habe ich mich an der allgemeinen Panik nicht beteiligt, meine wenigen Aktienfonds nicht verkauft, das Pulver trocken gehalten und die Delle ausgesessen. Nach sechs Monaten, im Frühjahr 2009 startete der Lift wieder nach oben.

Ganz enthaltsam konnte ich doch nicht zuschauen, der Spieltrieb übermannte mich. Aktien von Lehman Bros. wurden noch am NASDAQ gehandelt, aus purer Neugier rief ich eines schönen Tages den Kurs auf. Wie zu erwarten, lag er im einstelligen Cent-Bereich. Ich kaufte ein paar Hunderttausend davon mit der vagen Überlegung, dass die Brüder nach dem Konkurs wieder aus der Asche auferstehen könnten, was bei amerikanischen Konkursen eher die Regel ist. Es war eine Impulsentscheidung, ähnlich wie wenn man sich im Traffik ein Rubbellos für das Wechselgeld geben lässt. Mein Banker war bestürzt ob meiner Order, führte sie jedoch aus. Da der Kurs laufend weiter verfiel, legte ich gelegentlich nach zur Verbilligung. Gegen Jahresende 2008 lag der Kurs bei 0.15 Cent. Eine Million Aktien kosteten gerade noch 1'500 Dollar. Dann vergaß ich das Ganze.

Im September 2009 fragte mich ein Freund, dem ich die Spielerei beiläufig erzählt hatte, was meine Lehman Bros. machten. Ich hatte keine Antwort parat, sah aber gleich im Internet nach. Mir fielen beinahe die Augen aus dem Kopf, der Kurs stand bei 24 Cent, dem 160-fachen des Mindestkurses Ende 2008. In derselben Minute griff ich zum Telefon, rief meine Bank an und erteilte die Verkaufsorder mit diesem Limit und der Anweisung, nur in kleinen Tranchen zu verkaufen, um nicht den Kurs zu stören. Am nächsten Tag kam der Rückruf.

Alles war weg zum Limit. In der folgenden Woche war der Kurs wieder dort, wo er vorher gewesen war, nahe Null, und ich saß auf einem reichlich sechsstelligen Betrag. Bei meinem nächsten Besuch sah mich mein Banker schräg an, schüttelte den Kopf und meinte, das sei nicht seriös und nicht meine Art. Es war wieder einmal der Trüffelhund gewesen, der sich mit meinem Spieltrieb verbunden hatte.

Bereits vorher hatte ich viele Fragen zur Krise zu beantworten. Ich wurde es leid und verfasste im Mai 2009 ein kurzes nicht allzu ernst gemeintes Pamphlet für meine Freunde. Da es mir noch heute als Zusammenfassung der Lage aus damaliger Sicht gefällt, habe ich es als Anhang beigefügt.

Inzwischen hatten die Börsen gedreht, die Jahre 2009 und 2010 offerierten exzellente Chancen, sofern man auf Aktien setzte und rechtzeitig eingestiegen war. Das billige Geld nach der Lehman-Krise wirkte wie ein Nachbrenner. Fast alles, was man anfasste, lieferte überdurchschnittlichen Wertzuwachs. Asienfonds, Minenfonds, Schweizer Mid Caps und deutsche Small Caps schossen davon. Ich traute mich sogar, DB-Notes im Tiefpunkt bei nur 46 % zu kaufen, der Ruf dieser Bank war noch intakt. Australischer Dollar und Südafrikanischer Rand legten zu, mit *calls* war einiges zu ernten. Beide Jahre zusammen brachten schließlich ein Ergebnis um die 70 Prozent. Der Optimismus hatte noch einmal gesiegt. Die Griechenlandkrise war zwar schon im Gange, doch niemand sah die weiteren Kosten und Begleitumstände voraus, noch war es eine lästige Randerscheinung.

Auch in den Jahren 2011 bis 2015 blieb ich meiner Strategie treu, lediglich die Schwerpunkte wechselten. Ich blieb bei Aktienfonds, zuletzt (2015) übergewichtet in deutschen, Schweizer und US-Aktienfonds, sowie in der Biotechnik und im

Gesundheitssektor. Daneben liefen Industrie, Konsum und Pharma (*generics*) am besten. Das Ergebnis der Jahre 2011 bis 2014 brachte nicht viel, kaum mehr als eine schwarze Null, während 2015 mich mehr freute. Nach dem fulminanten Start zu Jahresbeginn und dem langsamen Abstieg zum Jahresende schlugen immerhin noch über 20 Prozent Zuwachs zu Buche.

Argwöhnisch beobachtete ich die Begleiterscheinungen. Ohne Zusammenhang schoss mir Herbst 2015 eine 35 Jahre alte Episode gleich mehrfach durch den Kopf, die ich nie verdrängt, aber im Langzeitgedächtnis abgelegt hatte.

Wir waren in Kanada beim Tiefschneefahren, die Gruppe stand oben auf der Wechte, unter uns ein endloser, unberührter Hang im Sonnenschein. Der Führer prüfte den Schnee und gab grünes Licht. Wie vereinbart sollte ich als letzter, als Lumpensammler abfahren und sah den anderen zu, wie sie hinunterwedelten. Dann sprang ich von der Wechte und legte meine eigene Spur. Die Fahrt wurde immer leichter und schneller, fast reibungsfrei wie auf Kugellagern, ich sank nicht mehr ein, der Schnee kochte unter meinen Skiern. Blitzschnell erkannte ich die Situation, ich musste raus hier. Bei erster Gelegenheit, als der Hang breiter wurde, scherte ich aus, drehte mich um und sah zu, wie die Lawine ins Tal schoss, in den Gegenhang krachte und sich haushoch auftürmte. Mein Glück war, dass sie sich unterhalb und nicht über mir gelöst hatte, ich war auf dem oberen Ende unterwegs gewesen. Seitlich unter den Bäumen fuhr ich zur wartenden Gruppe hinunter. Alle waren kalkweiß im Gesicht und brachten kein Wort heraus. Sie hatten mich ja plötzlich nicht mehr gesehen. Ich wusste, dass sie an ihre eigene Abfahrt dachten und mich abgeschrieben hatten. Der Beeper um meinen Hals hätte daran nichts mehr geändert. Meine Frau fing sich als erste, fuhr zwischen meine Ski, schob sich in meine Arme und gab mir einen langen

Wiedersehenskuss. Dann kam auch schon der Hubschrauber, um uns abzuholen zum nächsten *run*.

Wo ist der Zusammenhang? Inzwischen weiß ich es. Es war die Ahnung, dass ich auch mit meinen Finanzanlagen Ende 2015 auf einer Lawine des zu leichten Geldes fuhr, fast reibungsfrei und immer schneller. Ich reagierte trotz der Feiertage schnell. Am Montag nach Weihnachten rief ich meinen Banker an und gab meine Verkaufsorders durch. Alles, was mir nicht krisenfest schien, flog raus. Noch vor Jahresende hatte ich die Abrechnungen. Am ersten Börsentag des neuen Jahres ging die Lawine an den Börsen ab und rollt immer noch, wie weit ist ungewiss, während ich dies schreibe.

Es ist beileibe nicht das erste Mal, dass ich einen Einbruch der Börsen erlebe. Doch diesmal ist es anders, da alle Indikatoren gleichzeitig auf Sturm stehen. Die Zentralbanken sind mit ihrem Latein am Ende, dürfen es bloß nicht zugeben, da dies unweigerlich ein Chaos auslösen würde. Ich möchte nicht in der Haut dieser Leute stecken. Die Banken kämpfen ebenfalls mit dem Rücken zur Wand, mit Negativzinsen können sie nicht leben, ihr Engagement in Derivate ist völlig überzogen und ungedeckt. Der meist unsichtbare Bereich der Schattenbanken und sonstigen Finanzakteure ist größer denn je und entzieht sich jeder Ordnung und Kontrolle. Die Diskussion über Negativzinsen im Endkundenbereich und Einschränkung bzw. Abschaffung des Barverkehrs ist bar (das ist ein anderes bar) jeglicher Lebenserfahrung und Vernunft. Dass sich gestandene Bank- und Wissenschaftsgrößen auf eine derartige Diskussion einlassen, ist ein Zeichen von geistiger Verwirrung und Realitätsverlust außerhalb des einstudierten Denkmodells. Die Hilflosigkeit der Politik ist mit dem Stock zu greifen. Von Regieren kann keine Rede mehr sein, höchstens von Reagieren.

Und nicht zuletzt sind die Aussichten der Realwirtschaft höchstens neutral, wenn nicht sogar weniger als das.

Ich beobachte noch etwas anderes. Der Goldpreis bewegt sich. Während er sich 2015 per saldo nur unbedeutend geändert und wie in den Vorjahren keine signifikante Korrelation zum Börsengeschehen gezeigt hatte, läuft es seit Jahresbeginn anders. Die Korrelation ist eng und invers. Immer in den letzten Jahren, wenn ich nicht wusste, wo zu investieren, kaufte ich Gold ohne Rücksicht auf den allgemeinen Konsens. Der mittlere Einstandspreis ist so niedrig, dass ich nichts bereuen muss. Seit Neujahr 2016 bin ich insgesamt im steigenden Plus. Das Gold legt gerade schneller zu, als die Finanzanlagen verlieren. Allerdings hat der Vermögensanteil des Goldes inzwischen in den verschiedenen Krisen etwa die Hälfte erreicht und steigt wegen der relativen Kursverschiebung weiter. Die Erträge des Rests genügen, um meinen Umtrieb zu finanzieren und auf bessere Zeiten zu warten, ohne außer Atem zu geraten, und mehr will ich nicht mehr. Das Gold liegt sicher im Fels unter meterdickem Beton und ist jeglichem staatlichen Zugriff entzogen. Dieser wäre nur mehr der nächste logische Schritt, wenn man schon ernsthaft über die Abschaffung von Bargeld diskutiert. Es wäre auch nicht das erstemal in der jüngsten Geschichte, dass es dazu kommt.

Das sind keine ermutigenden Aussichten für die Zukunft. Ich wage es daher auch nicht, Dir eine Prognose auf den Weg zu geben. Man kann jedoch Grenzen abstecken, innerhalb derer die weitere Entwicklung verlaufen könnte, denn Wunder sind nicht zu erwarten. Die Labilität des gegenwärtigen Finanzsystems ist evident, ebenso das Unvermögen der systemimmanenten Kräfte und Akteure, die Situation aufzufangen und geordnet auf den Pfad der wirtschaftlichen Vernunft zurückzuführen. Die führenden Köpfe sind nicht dumm, die Lage ist hinter den Kulissen längst bekannt und analysiert, aber die fatale Interdependenz aller Teilnehmer bremst jegliche Initiative. Niemand will es wagen, die Reset-Taste als erster zu drücken.

Da sind zunächst die westlichen Industriestaaten, Japan mitgezählt, die in der Mehrzahl hoffnungslos überschuldet sind. Paradox ist, dass gleichzeitig deren Staatsbürger noch nie so wohlhabend waren wie jetzt. Die Nullzinspolitik kaschiert die Lage, sodass der öffentliche Konsens etwa dem in einer konkursreifen Kapitalgesellschaft entspricht. Man lehnt es ab nachzuschießen, sondern riskiert die Insolvenz, um anschließend mit dem bewahrten Privatvermögen eine neue Gesellschaft zu gründen und weiterzumachen. Wer ein Beispiel will, braucht nur nach Griechenland zu schauen. Auch die Verschleppung dringend nötiger Strukturreformen in Frankreich kann man so interpretieren: Die Franzosen sind noch zu reich, um sich dafür zu interessieren. Es ist kein Zufall, dass Deutschland in der Höhe der durchschnittlichen Haushaltsvermögen im europäischen Vergleich (→EZB-Studie) ziemlich weit hinten steht, jedoch mit der Agenda 2010 seine Hausaufgaben zähneknirschend gemacht hat und die Deutschen nach einer kürzlichen Umfrage (DIE ZEIT, Nr. 9/16) eigentlich mehr arbeiten wollen als sie müssen.

Ein Staat funktioniert jedoch nicht so. Wenn man schon den Vergleich weiterspinnen will, dann gleicht ein Staat eher einer Offenen Handelsgesellschaft. Wenn dieser Insolvenz droht, dann haften die Gesellschafter (Staatsbürger) mit ihrem Privatvermögen. Sie sollten also geneigt sein, dies zu vermeiden, daher Kapital nachschießen und ihre Gesellschaft rechtzeitig restrukturieren, damit der Fall nicht eintritt. Gegenwärtig wird versucht, mittels Negativzinsen und kontrollierter Inflation, die sich jedoch nicht einstellen will, den unvermeidlichen Beitrag der Staatsbürger möglichst geräuschlos einzusammeln. Das wird nicht funktionieren, denn Negativzinsen zerrütten das Wirtschaftsgefüge schon jetzt, am Ende noch die Währung, und Inflation ist nicht kontrollierbar, da sie selbstbeschleunigend wirkt. Außerdem sind beide Maßnahmen widersprüchlich, da die einzig wirksame Methode, eine Inflation einzufangen, steigende Zinsen sind, also das Gegenteil von Negativzinsen. Man kann den Teufel nicht mit dem Beelzebub austreiben.

So werden wir eine lang anhaltende Agonie erleben, während die betroffenen Staaten jeglichen wirtschaftlichen und politischen Handlungsspielraum einbüßen. Japan ist das abschreckende Beispiel, es befindet sich nun annähernd 25 Jahre in diesem fatalen Zustand, ohne dass ein erfolgreiches Ende absehbar wäre. Ein relativer Niedergang gegenüber gesünderen Staaten ist die unvermeidliche Folge. Außerdem kann jederzeit und ohne Vorwarnung das System vollends kippen. Wenn der erste größere Staat fällt, wird es zu einem weltweiten Dominoeffekt kommen.

Natürlich wäre es eine Alternative, das Problem frontal und nach Plan anzugehen. Ich denke an die Währungsreform 1948 in Deutschland, die ich miterlebt habe. Über Nacht waren der Geldüberhang und die inländische Staatsverschuldung beseitigt und neues Geld knapp, aber gleichmäßig verteilt. Ich war stolzer Besitzer einer D-Mark Taschengeld. Im zweiten Schritt wurden die Sachvermögen durch einen Lastenausgleich am Vermögensschnitt entsprechend mitbeteiligt. Ich erinnere mich noch gut, wie meine Mutter mir Anfang der 1980er Jahre erleichtert mitteilte, dass sie die letzte Rate des Lastenausgleichs bezahlt habe – nach 30 Jahren! Der fulminante wirtschaftliche Wiederaufstieg Deutschlands danach ist heute allgemein verklärte Erinnerung. Hart war er aber auch.

Geschichte wiederholt sich jedoch nicht. Wir werden daher eine Neuauflage z. B. im Euroraum nicht erleben. Die einzelnen Staaten haben dafür schon längst die nötige Souveränität in Brüssel abgegeben, und alle Euro-Staaten dafür unter einen Hut zu bekommen, ist ein aussichtsloses Unterfangen. Es wird spannend, falls England den Brexit wählt. Ich sehe aber schon gute Chancen, wenn es sich dann umgehend zu einer durchgreifenden Sanierung seiner Staatsverschuldung und seiner Währung entschließt.

Eines weiß ich jedoch ziemlich sicher, nämlich dass ich für beide Grenzfälle und die dazwischenliegenden Eventualitäten gut gerüstet bin. Ich sehe der Zukunft gelassen entgegen.

Alles klar?

Ich habe versucht, Dir im ersten Teil wirtschaftliche Zusammenhänge zu vermitteln, die in dieser Art nicht in Lehrbüchern zu finden sind. Vieles weißt Du durch Deine Ausbildung und Deine ersten Berufsjahre. Es ist die Verknüpfung der Teile, die den Unterschied ausmacht. Pflege die Kunst, Zusammenhänge zu sehen, wo andere blindlings darüberlaufen. Und erweitere Dein Blickfeld, wenn sich die Gelegenheit bietet, und das ist ständig der Fall.

Lese auch, was Dir in die Hände gerät, auch und gerade abseits Deines unmittelbaren Interessenbereichs. Meine Bibliothek steht Dir jederzeit zur Verfügung, sie wird ständig umfangreicher.

Im zweiten Teil über Finanz habe ich mich bemüht, einen Faden zu finden. Ich habe meinen diesbezüglichen Werdegang und meine persönlichen Erfahrungen offengelegt, wie Du es nicht leicht woanders so lesen kannst, da ich mit meiner Situation im Reinen bin. Es ist die richtige Mischung von Wissen, kühler Überlegung, Erfahrung, Spürsinn und Geduld, die den Erfolg zwar nie garantiert, aber ermöglicht. Das ist als Résumé vielleicht nicht gerade eine befriedigende Antwort, aber wenn es einfacher wäre, gäbe es noch mehr Millionäre. Ich habe anderen nie etwas weggenommen, sondern nur die Chancen des Systems und der Situation genutzt, und manchen Freund mit meinen Tipps und Verbindungen mitgezogen.

Ich hoffe auch, dass Du meine humanitären Aktivitäten fortsetzen wirst. Du weißt ja, dass ich in die Bildung junger Menschen investiere, da ich meine, dass dies die einzige nachhaltige Methode der Hilfe ist. Was in einem Kopf drin ist, kann man nicht mehr wegnehmen, und ich sehe, dass meine ehemaligen Schützlinge sich schon jung ähnlich engagieren. Ich begleite sie alle mit persönlichem Kontakt. Dass diese Kontakte nicht abreißen, wenn sie flügge geworden sind, werte ich als Zeichen des Erfolgs meines Ansatzes. Der älteste von ihnen wurde im Alter von neun Jahren in einem Koffer aus Tibet geschmuggelt, die Familie blieb zurück. Er hat sie seitdem nie wieder gesehen. Heute hat er ein Stipendium einer renommierten amerikanischen Universität und baut seinen PhD. Andere sind erfolgreich in ihrem praktischen Berufsleben. Jede Betreuung richtet sich nach der persönlichen Entwicklung und Neigung meiner Schützlinge.

Im Übrigen habe ich gute Aussichten, Dich noch lange zu begleiten. Ich bin kerngesund, absolviere noch dasselbe Sportprogramm wie vor bald 50 Jahren, brauche keinen Arzt außer für den jährlichen Check als Pilot und kann nicht von den jungen Frauen lassen. Meine Versicherung rechnet damit, dass ich über 100 Jahre alt werde. Solange ich klar im Kopf bleibe, habe ich den Ehrgeiz, diese Marke zu schlagen.

* * * * *

Epilogos

Ich sitze auf 2500 Jahre alten Marmorstufen. In meinem Rücken stehen die imposanten Reste des Poseidontempels auf Kap Sounion. Die milde Sonne eines ersten Frühlingstages leuchtet über dem Meer, der Wind ist leicht. Tief unter meinen Füßen liegt die Yacht vor Anker und wartet auf mich. Hier ist seit bald 60 Jahren einer meiner Lieblingsplätze, den ich immer wieder aufsuche und unter allen Lichtverhältnissen kenne, auch bei verhangenem Himmel und strömendem Regen. Hier kann ich die Jahrtausende auf mich wirken lassen.

Dieser Tempel hatte Vorgänger. Die ganze griechische Geschichte hat dieser Ort erlebt. Glorreiche Zeiten und düstere Perioden des Niedergangs und der Unfreiheit. Hellas ist die Wiege unserer westlichen Kultur in allem, was sie heute noch einzigartig macht: Schrift, Literatur, Kunst, Philosophie, Mathematik, Geometrie und vielem mehr. Es hat 226 v. Chr. seine Unabhängigkeit verloren und wurde römische Provinz. Kulturell hat es jedoch gesiegt, denn zur Zeitenwende sprach die gebildete Welt griechisch, und Latein sank allmählich zur Vulgärsprache ab, soweit es nicht als christliche Kultussprache diente. Bei der Teilung des Römischen Reiches wurde Graecia Ostrom zugeschlagen, blieb zwar vor den Germanen verschont, geriet jedoch nach dem Untergang von Byzanz durch die Araber unter islamische Herrschaft, denen wiederum die Osmanen folgten. Erst ab 1830, nach 2000 Jahren Fremdherrschaft, gewann Griechenland, wie wir es heute kennen, unter blutigen Kämpfen und schrittweise seine Freiheit zurück, die es danach mehrfach unter großen Opfern verteidigen musste.

Die Griechen haben es fertiggebracht, alle wesentlichen Elemente ihrer Kultur, Schrift, Literatur, Sprache, Gesang und Religion nach der Christianisierung über diese 2000 Jahre hinwegzuretten, während Nachbarn in wesentlich kürzerer Zeit die Anpassung an die Fremdherrschaft vollzogen, und heute Schwierigkeiten haben, den Weg nach Europa zu finden.

Die Griechen schafften das, indem sie eine Subkultur unterhalb der übergestülpten Kolonialmacht entwickelten. Die seinerzeit eingeübte Verachtung und Umgehung des Staates ist heute ihr Handicap. Wir müssen also Nachsicht üben.

Warum hat Griechenland kein Bodenkataster? Weil sein Fehlen in der Zeit der Unfreiheit die Besteuerung des Bodens verhinderte. Wer nach dem Besitzer fragte, erntete ein Achselzucken. Aus gleichem Grunde ist Steuerhinterziehung (noch) nicht ehrenrührig, sondern berechtigter Selbstschutz.

Es ist zu viel verlangt, eine Kehrtwendung in wenigen Jahren erzwingen zu wollen. Griechenland wird zum Probelauf, welche Form das künftige Europa haben wird. Wenn es nicht so flexibel gestaltet werden kann, dass auch Griechenland darin seinen Platz findet, ohne ständig alimentiert zu werden, wird Europa nicht Bestand haben.

* * * * *

Anhang

Finanzkrise leicht verständlich

von Holzauge

Holzauge wird in seinem Freundes- und Bekanntenkreis so häufig nach einer verständlichen Erklärung der Finanzkrise gefragt, dass er seine etwas schräge Version zu Papier gebracht hat.

Die meisten Krisen oder großen Unfälle dieser Welt sind kein monokausales Ereignis, sondern durch mehrere, für sich genommen beherrschbare Umstände bedingt, die durch ihr eher zufälliges Zusammentreffen das Ereignis auslösen. Dies kann man auch von der Finanzkrise behaupten.

Sehen wir uns die Zutaten dieses explosiven Cocktails »Finanzkrise« im Einzelnen an:

1-   Ein Quarterhorse wird dafür gezüchtet, eine Viertelmeile (quarter, 400 m) möglichst schnell zu rennen. Nach der doppelten Strecke fällt es womöglich tot um. Ein Dragster ist ein Fahrzeug, um ebenfalls eine Viertelmeile möglichst schnell hinter sich zu bringen, wobei die Zeit in Tausendstelsekunden gemessen wird. Nach weiteren 50 Metern würde der Turbo(!)-Motor explodieren. Beides gehört untrennbar zum American Way of Life. Kein Wunder also, dass sich dieselben Charakteristika auch in der amerikanischen Finanzwelt wiederfinden, nämlich in der

Kurzatmigkeit der Quartalsbilanzen und –berichte sowie im Zahlenfetischismus des GAAP (z. B. Fair-Value-Bewertung). Dank der amerikanischen Wirtschaftsdominanz haben sich diese Praktiken weltweit durchgesetzt.

2- Basel II ist eine Übereinkunft, die es gestattet, Eigenmittel und Ausleihungen (Risiken) einer Bank in ein leicht fassbares Zahlenverhältnis zu bringen und damit gut darstellbar und vergleichbar zu machen. Basel II gilt weltweit. Als brauchbaren Faustwert für Außenstehende kann man sich das Verhältnis 1:10 von Eigenmitteln zu Ausleihungen merken.

3- Das Hypothekengeschäft im Wohnungsbau ist in den USA überwiegend in der Hand von Spezialbanken, die ihre Kunden nur fallweise schon länger kennen. Da diese Institute kein flächendeckendes Filialnetz besitzen, wird der Vertrieb Spezialisten überlassen, man kann auch sagen Drückerkolonnen, die nach Vertragszahl und Abschlussbetrag bezahlt werden. Damit sitzen bei Vertragsabschluss zwei Parteien beisammen, die ein gemeinsames Interesse haben, nämlich möglichst rasch einen günstigen und hohen Hypothekenvertrag abzuschließen. Dabei bleibt meist die Kritikfähigkeit beiderseits auf der Strecke. Im Weiteren gibt es die Besonderheit, dass nur das Objekt für den Vertrag haftet, nicht aber der Schuldner persönlich, historisch gesehen ein Ausfluss des »going west«, um lokalen Schwierigkeiten auszuweichen oder schneller voranzukommen. Fünf Umzüge, oft über Tausende Meilen, sind der Durchschnitt in einem amerikanischen Berufsleben, ein provinzübergreifendes Meldesystem wie in den meisten Ländern Mitteleuropas gibt es nicht. Einzig das Credit Rating könnte einen verfolgen.

4- Derivate sind wie Tabasco eine schmackhafte Zutat zum Cocktail, jedoch ebenso scharf und nur mit Vorsicht genießbar. Man kann davon ausgehen, dass ihnen zwar ein Realwert zugrunde liegt, aber ohne direkten Zugriff, oft ist es nur ein Index oder ein anderes Derivat, und dass einzig das nachrangige Zahlungsversprechen des Emittenten als Gegenwert anzusehen ist. In dieses Fach gehören auch die Nachverbriefungen von Immobilienkrediten und Ähnlichem. Die Menge der umlaufenden Derivate ist das Manometer der Finanzwelt, allerdings fehlt der rote Strich, der den Überdruck markiert.

5- Die weltweite Akzeptanz des Dollar gestattet es den Vereinigten Staaten bislang, unbeschränkt Wechsel querzuschreiben und ungeniert auf Kosten des Restes der Welt zu wirtschaften. Dieser Rest rechnet sich dies noch als Ehre an und schafft sein Kapital scheffelweise in die USA, gegenwärtig etwa 1.5 Milliarden Dollar täglich.

6- Als Barmixer werkt ein Chef des Fed (Federal Reserve System = US Zentralbank), inzwischen im Ruhestand, der zwar die letzten finanziellen Verdauungsbeschwerden richtig behandelt und den Zapfhahn weit aufgedreht hat, aber vergessen hat, ihn rechtzeitig zu schließen. Hauptsache, das Geschäft brummt an der Theke der Wall Street. Rückendeckung gab ihm ein eher unterbelichteter Bewohner des Weißen Hauses.

Mixen wir nun den Cocktail:

Wir befinden uns im Jahr 2003 in den USA. Die Dotcom-Blase, aus heutiger Sicht eine milde Krise, ist glimpflich ausgestanden. Ausgestattet mit GAAP, Basel II und billigem Zentralbankgeld rüstet sich die Finanzwelt zum nächsten Gipfelsturm. Die in den

Büchern der Banken befindlichen Aktiva gewinnen dank galoppierender Börsenkurse und quartalsweiser Bewertung zum Tagespreis (fair value) geradezu explosionsartig an Wert. Basel II gestattet, die Ausleihungen analog mit grob gerechnet dem Faktor 10 auszuweiten. Wer kann es sich da als CEO eines Finanzinstituts leisten, als Niete in Nadelstreifen angesehen zu werden oder seinen lukrativen Job zu riskieren, weil er nicht mitspielen mag? Unmöglich.

Ausleihungen setzen Kunden voraus, die das Geld abnehmen. Nichts einfacher als das. Die Welle leichten Geldes schwappt anfangs seriös für wirtschaftlich sinnvolle Vorhaben, aber gleichzeitig politisch gewollt in den amerikanischen Immobilien-markt. Der Boom des Häuslebauens wird richtig heiß. Mit steigenden Preisen wird es gängige Praxis, seine alte Hypothek umzuschulden, sie kräftig aufzustocken und die zusätzlichen Mittel zu konsumieren. Wohl bekomm's!

Die Sause geht weiter. Bald reicht die Aufnahmefähigkeit für Kredite in der Realwirtschaft z. B. für Investitionen, Aktienmarkt, Immobilien, Konsum nicht mehr aus, um die Welle aufzufangen. Es müssen Derivate her, um zusätzlichen Appetit zu erzeugen. Und da die Banken nicht nur die Aktivseite ihrer Bilanzen aufblähen, sondern im Gleichschritt ihre Passivseite, beginnt mangels genügend realer Kunden ein munteres Mit-sich-Geschäft; die Banken handeln ihren Schrott weitgehend untereinander. So gerät das Gift auf beide Seiten der Bilanzen. Einiges fällt dabei für die doofen Endkunden ab.

Anfang 2007 zeigen sich die ersten Schluckbeschwerden. Die Immobilienpreise in den USA haben ihren Zenit überschritten, die Börsenkurse stoßen an die Decke selbst wohlwollender

Bewertungsmaßstäbe, das Geld ist teurer geworden und die Casinomentalität hat auf das breite Publikum übergegriffen. Die meisten Akteure glauben aber noch an eine rosige Zukunft und retten sich übers Jahr. Der Staat kassiert freudig die reichlich fließenden Steuern und die Politik schläft.

Ab Januar 2008 ist das Ende der Party selbst für Unbedarfte greifbar. Die Risiken aus dem US-Immobilienmarkt nehmen ein katastrophales Ausmaß an, die Börsen brechen ein, dank GAAP und der vorangegangenen Aufblähung ist die rapide Eindampfung der Bilanzen angesagt. Das lässt die Eigenmittel gegen null schrumpfen, in den schlimmsten Fällen sogar darunter. Da fast alle Partygäste demselben Cocktail zugesprochen haben, fallen sie einer nach dem anderen unter den Tisch. Das Gebräu hat offensichtlich dem asiatischen Geschmack nicht entsprochen, sodass die Teilnehmer aus dieser Ecke die Party ziemlich unbeschadet überstehen. Sie haben lediglich das Problem, dass ihnen die Schnapsleichen vorübergehend auf den Füßen liegen.

Im vorletzten Akt des Dramas schlägt die harsche Verkürzung der Bankbilanzen auf die Realwirtschaft durch. Nicht alle Banken sind gleich hart betroffen. Zur Ehre einiger Privatbanken, der Kantonal-, Genossenschaftsbanken und Sparkassen sei erwähnt, dass sie in der Mehrzahl ebenfalls Enthaltsamkeit geübt haben bei der Party und besser dastehen. Sie leiden allerdings indirekt mit und können wegen ihrer begrenzten Größe nicht überall den Nothelfer abgeben.

Damit ist die Krise unten angekommen. Was gerade erst begonnen hat, ist der wirtschaftliche Einbruch allerorten, Rückgang des BIP und des Steueraufkommens, Arbeitslosigkeit, galoppierende Staatsverschuldung und die brandheiße Gefahr eines Rückkoppelungseffekts, der uns noch länger beschäftigen könnte. Amen.

Was ist zu tun, damit sich die Geschichte nicht wiederholt? Die Prohibition einführen? Das hat bekanntlich in den USA nicht richtig funktioniert und wurde 1933 aufgegeben. Zur ewigen Erinnerung blieb die Mafia. Mehr Regulierung bringt also nichts, da sie nur die Initiative der Marktteilnehmer, von der das ganze System lebt, stranguliert und in kürzester Frist unterlaufen würde. Eine Spirale zum Negativen ohne Ende.

Den Partygästen das Saufen abgewöhnen? Das gelingt auch im übrigen Leben nur selten, denn Saufen gehört zum Geschäft. Und heimliches Saufen wäre schlimmer in seinen Folgen.

Es bleibt nur übrig, die einzelnen Zutaten des Cocktails, so wie sie oben aufgezählt sind, der Reihe nach zu entschärfen. Holzauge fühlt sich nicht berufen, hier konkrete Vorschläge zu unterbreiten, aber immerhin macht er sich Gedanken.

Was die Bewertung nach fair value anbelangt, ist zu beachten, dass jeder vom Einstandswert abweichende Wert einen nicht realisierten Gewinn oder Verlust beinhaltet. Das eine war für die Auslösung der Finanzkrise ebenso fatal, wie es jetzt das andere für die Bewältigung derselben ist. Holzauge bilanziert schon längst für seinen Hausgebrauch nach Einstandswert mit einer aktivisch sichtbar ausgewiesenen positiven oder negativen Wertberichtigung auf fair value. Der Gegenposten kann sodann passivisch und je nach Fall ergebnisneutral, jedenfalls aber sichtbar eingestellt werden.

Hinsichtlich Basel II ist zu fragen, ob es nicht angebracht wäre, eine mit zunehmender Größe eines Finanzinstituts progressiv wachsende Unterlegung mit Eigenmitteln vorzuschreiben. Das ist per saldo natürlich ein Wettbewerbsnachteil, der die Skalenvorteile auffrisst, aber auch verhindert, dass ein einzelnes Institut hypertrophiert und systemrelevant wird, dadurch entweder den globalen Laden schmeißt oder zwingend mit Steuergeldern aufgefangen werden muss, statt unterzugehen. Sollte es trotzdem so sehr wachsen, so steht es wenigstens auf solideren Beinen.

Schließlich gehört die Kreation von Nachverbriefungen (ABS, CDO) und Derivaten nur in die Hand von Instituten, die den ergänzungsbedürftigen Regeln von Basel II und der jeweiligen Bankaufsicht unterworfen sind. Hierzu gibt es genügend Vorschläge und Bemühungen. Außerdem ist deren Hochblüte für einige Zeit ohnehin vorbei.

Die Zutaten 3, 5 und 6 betreffen die amerikanische Innenpolitik. Ein Kommentar ist daher nicht angebracht, der Handlungsbedarf aber jenseits des Atlantiks erkannt.

Das Casino ist übrigens bereits wieder geöffnet. Dann also aufs Neue ein herzliches Prost!

Im Mai 2009

* * * * *

Bibliographie

Hier findest Du eine bunte Reihe von aktuellen Anregungen für Deine Lektüre, alphabetisch nach Autoren geordnet. Sei nicht überrascht, dass darunter auch Geschichtstitel sind. Wer die Geschichte nicht kennt, kann die Gegenwart nicht verstehen und die Zukunft nicht deuten. Viele dieser Bücher enthalten ein Literaturverzeichnis, das Dir weitere Vertiefung bietet. Lese auch konträre Meinungen, um Deinen eigenen Standpunkt zu kontrollieren.

C.A. Bayly, The Birth of the Modern World, Blackwell, 2010
    Eine beeindruckende Geschichte des 19. Jahrhunderts

Franck Biancheri, Crise Mondiale, en route pour le monde d'après, Anticipolis, 2010
(auch auf Englisch: The World Crisis, The Path to the World Afterwards)
    Eine gescheite Analyse der Lage und eine plausible Prognose, die aber die Trägheit der Entwicklung unterschätzt und bereits den inzwischen eingetretenen Tatsachen vorauseilt.

John Coates, The Hour between Dog and Wolf, 2012, Random House Canada
    Ein Trader, nun Neurowissenschaftler, analysiert seine ehemalige Zunft

Pierre Dockès et Jean-Hervé Lorenzi, Le Choc des Populations, Fayard, 2010
    Die Realitäten der Bevölkerungsexplosion

Niall Ferguson, The Ascent of Money, Penguin, 2008
    Fundiert, spannend, Pflichtlektüre

Niall Ferguson, The Great Degeneration, Penguin, 2012
    Eine Analyse über Verfall und Untergang von
    Organisationen

Peter Haisenko, England, die Deutschen, die Juden und das 20.
Jahrhundert, Anderwelt, 2010
    Ein unorthodoxer Ansatz zur Zeitgeschichte,
    hintergründig und lesenswert

Paul Kennedy, The Rise and Fall of the Great Powers,
FontanaPress, 1989
    Ein Standardwerk auf hohem Niveau, gut lesbar

Jürgen Kocka, Geschichte des Kapitalismus, C.H. Beck , 2013
    Ein knapper und interessanter Überblick

Michael Lewis, Flash Boys, W.W. Norton & Co., 2014
    Die Insidergeschichte des Hochfrequenzhandels, hier
    zitiert

Mohammed Matmati (Hg.), Basculement Economique &
Géopolitique du Monde, L'Harmattan, 2013
    Ein Querschnitt durch Schwellenländer und künftige
    Großmächte

Nikolaus Piper, Geschichte der Wirtschaft, Beltz&Gelberg, 2005
    Locker erzählt, aber nicht ohne Tiefgang

Julian Putley, Sunfun Calypso, Virgin Island Books, 2005
    Eine nicht ganz seriöse Beschreibung der karibischen
    Wirtschaft, Strandlektüre

James Rickards, The Death of Money, Portfolio, 2014
    Einmal begonnen, liest man dieses Buch sofort zu Ende

Johannes Saltzwedel (Hg.), Das Ende des Römischen Reiches,
Spiegelverlag, 2009
    Ein lesenswertes Kompendium

Christoph A. Scherbaum, So funktioniert die Börse, Haufe, 2014
    Kurz und informativ für den allgemein Interessierten und
    Einsteiger

Detlev S. Schlichter, Das Ende des Scheins, Wiley, 2013
    Schonungslos aktuell

Detlev S. Schlichter, Die Billionen-Schuldenbombe, Wiley, 2013
    Ebenso schonungslos aktuell

Hans-Werner Sinn, Der Euro, Hanser, 2015
    Schon jetzt das Standardwerk, eine tiefschürfende
    Analyse, hier zitiert

Hans-Werner Sinn, Verspielt nicht Eure Zukunft, Redline, 2013
    Eine kurzgefasste, aber ernste Mahnung

Yanis Varoufakis, The Global Minotaur, Zed Books, 2013
    Weltwirtschaft im Gewand einer griechischen Sage

Yanis Varoufakis, Time for Change (deutsch: Wie ich meiner
Tochter die Wirtschaft erkläre), Hanser, 2015
    Leicht verständlich, mit leichtem, aber sympathischem
    Linksdrall, hier zitiert